つかず離れずいい関係

人との「ほどよい距離」がわかる本

精神科医
和田秀樹

WIDE SHINSHO

まえがき

「人と人は近づいたほうがわかり合える」

「仲がよくなればなるほど理解し合える」

みなさんはそう思っていませんか？

じつは、そこには一つ「落とし穴」があります。


人間関係のトラブルは、ほとんどの場合、近すぎることから起こります。アカの他人とは通常、心を悩ませるトラブルになることは少ないと思います。

母と娘。

恋人同士。

会社の同僚や上司。

メル友。

隣人。

このような関係はみなおたがいの距離が近いですね。距離が近すぎると、見なくてもいい相手の「欠点」や「わがまま」や「無理解」「無神経」などが見えてしまいます。

そこで、メールの返事がすぐ返ってこないと不安になったり、自分を無視していると思ったりもします。

すると「わたしがこんなに尽くしているのに、いったいどういうことなんだ」とか「あんなことを言っているが、本音はどうなんだ」とか、考えなくてもいいことを考えてしまいます。その結果、関係に隙間《すきま》風が吹き込むことになります。

人と人との関係には、「ほどよい距離」というものがあります。少し離れて見れば相手のいいところ、悪いところの全体が見える、そんな絶妙な間合いがあるのです。

その距離を縮めることは、ときに相手の心に踏み込むことになり、「うっとうしい」とか「大きなお世話だ」という気分を起こさせたりするのです。

近すぎず、離れすぎず。そういう距離こそが、人間関係を良好なものに持続させます。

いわば人間関係の「魔法の距離」ですね。本書は、心理学的に見てほどよい人間関係の距離を考え、さまざまな関係に心地よい風が吹くことを目的にしています。

わたしは長年精神科医をやっていますが、人間の距離の取り方というのは、じつにむずかしいものだと思うことがしばしばあります。

アメリカと日本では精神医療にはものすごく大きな差があります。日本では、3分診療と言っても過言でないほど、次から次へと患者さんを診て、あとは薬の処方をするだけですが、アメリカでは、原則的に1時間近く患者さんの話を聞いて診察します。

そういうこともあって、薬で治らないトラウマ（心的外傷）の後遺症や、対人関係がうまくいかないパーソナリティの異常などは、アメリカのほうが日本よりはるかに精神科の治療がうまくいっています。

ところが、ゆっくり時間をかけて治療をすると、患者さんと治療者の心理的距離が近くなりすぎて、ときに恋愛関係になってしまうというトラブルが多発するのです。それで資格を失う精神科医さえ少なくありません。

精神科医と患者さんの間でさえ、心理的な距離の取り方はむずかしいものなのです。

本書はちょっと離れてみる発想を持つこと、そうすることで相手のことがよりよく見えるということをお伝えすることを心がけました。「傍目八目《おかめはちもく》」の視点です。

本書を通じて、少しでも**人と人との絶妙な「距離」（要するにちょっと離れてみる勇気など）を体験**していただければ、著者として幸甚この上ありません。

著者

目次

第1章

「近づくほどわかり合える」のウソ

第2章

嫌いな人がいなくなる「ほどよい距離」があります

第3章

恋も友情も「くっつきすぎ」は壊れやすい

第4章

人と人、少し離れると素顔が見えてきます

第5章 ゆるやかで自由な関係ですべてがうまくいく

第6章

離れていても「温かさを感じさせる人」ってどんな人?

エピローグ

「孤独」は自分を豊かにします

本書は小社より出版された
『誰かと「いい人間関係」をつくるには？』を改題し、
再編集した新版です。

ブックデザイン　小口翔平＋岩永香穂＋谷田優里（tobufune）

プロローグ

いい人間関係は「ほどよい距離」がつくります

恋人でも一緒にいたくないときがありますね

夫婦でも恋人同士でもそうですが、わたしたちは自分の好きな人といつも一緒にいたいと思うわけではありません。

とくに理由もなく、「一人になりたいな」とか、「自分だけの時間がほしいな」と思うことがあります。どんなに熱烈な恋愛関係にあったとしても、あまりくっつきすぎてしまうとおたがいに息苦しくなってくるからです。

そういうときに、相手からも、こちらの「一人になりたい」という気持ちをわかってもらえるとホッとします。

恋人同士でしたら、たとえば女性のほうが「こんどの週末は一人でいろいろとやりたいことがあるから、会えないよ」と言ったときに、「いいよ、ぼくも観たい映画があるから」

と答えてくれると、たぶん女性は「この人、やっぱりいいな。わたしの気持ち、わかってくれているんだな」と思うでしょう。

「わたしを束縛しないところがありがたい。だからわたしはこの人が好きなんだ」

そういう気持ちになる女性は決して少なくないと思います。このようなカップルは、つきあいが長くつづきます。おたがいに息苦しくもなく、また、おたがいに信頼しているからです。

夫婦でも同じですね。ほんとうに仲のいい夫婦ほど、おたがいの「一人になりたい」という気持ちを尊重します。

「たまには独身気分で、自分の好きなように過ごしてみたい」という気持ちを、おたがいに受け入れることのできる夫婦はやはり仲がいいのです。

こういう気持ちは本来、とても自然なものです。

だから、**親しい関係になっても相手を束縛したいとは思いません**。もちろん、好きな人と一緒にいたいという気持ちも自然なものですが、**一緒にいたくないときもあるし、それ**

もまた、自然な気持ちなのです。

そのことをまず、あなたには理解していただきたいのです。

一緒のときが長すぎると、わかり合えなくなる

恋愛や、ときには友人同士の関係でも、離れることに不安を感じる人がいます。たとえ一緒にいないときでも、メールでつながっていないと落ち着かないような人です。

そういう人は、相手といつも一緒にいることで不安が消えると信じていますから、なぜわざわざ距離を置いたり、一人の時間をつくったりする必要があるのか、「そんなの不自然だ」と思うかもしれません。

「だって、一緒にいたほうがわかり合えるじゃないの」という考え方ですね。

たしかに、離れているよりくっついていたほうが相手のことはわかります。おたがいにそうなのですから、「わかり合う」ことができそうです。

けれども、ほんとうにわかり合えるのかどうか。むしろ、わかり合えない関係になっていくことが多いようです。理由は二つあります。

一つはまず、現実問題として**「いつも一緒にいたい」と思う人より、「一人の時間がほしい」と思う人のほうが多いからです。**

どんなに好きな相手であっても、あまり束縛されると息苦しくなります。

相手の独占欲が強すぎると、そこから逃れたくなります。

ところが、相手はそういう気持ちを理解できません。「わたしから離れようとしている」とか「わたしを嫌っている」「避けている」と思い込みます。おたがいの気持ちは少しも噛み合っていません。

ほんとうにわかり合いたいなら、「一緒にいたい」という自分の気持ちだけでなく、「いまは一人でいたい」という相手の気持ちもわかってあげなければいけない。

それがわからないかぎり、一緒にいる時間が長くなればなるほど、わかり合えない関係になってしまいます。

「近づきすぎる」と悪い感情が生まれる

離れていたほうがわかり合えるというもう一つの理由は、「**感情**」です。

距離の近い人とは、あれやこれやで感情が通い合いやすいといえます。そのことじたいは悪いことではなく、嬉しいときや悲しいときでも、おたがいの感情が相手に伝わって、一緒に喜んだり、悲しんだりすることができます。

同じ映画を観て、一緒に泣いたり笑ったりするのはとても幸せな時間です。美味しいものを差し向かいで食べて、「美味しいね」と確認し合うのも幸せな時間です。離れている人とは、そういう意味ではどうしても感情の通い合う時間も機会も少なくなりますから、寂しさを味わうことになります。

だから距離が近いほうがいいと考えがちですけれども、**近づきすぎると悪い感情も通い**

合ってしまいます。片方が何かの理由でイライラしたり、不機嫌になってしまったりすると、それが相手に伝わって二人とも悪い感情に包まれてしまうのです。

そういうとき、**いちばんいいのはとりあえず離れることです。すなわち、その相手と別行動をし、しばらく「距離」を置くことです。**

たとえばいつもは朗らかな恋人が、怒りっぽくなったり、不機嫌そうに黙り込むようなときに、「落ち着くまではちょっと離れていようかな」と考えるのは少しも冷淡な態度ではありません。「彼は何か嫌なことがあったみたいだから、そっとしておこう」という気持ちなのですから。

その気持ちを、相手も受け止めてくれれば何も問題はありません。離れる時間の大切さをわかってくれる相手なら、「こういうとき、そっとしておいてもらうと嬉しいな」と思っているからです。

ところがそうでない人もいます。

距離が近いほうがいいと信じ、相手が少しでも離れる素振りを見せると、「わたしを嫌いになったのか」とか、「そんなに避けたいのか」と考えるような人です。

このような人は、自分の悪感情をそのまま相手にぶつけることにも疑問を持つこともなく、「つき合っていれば、そんなの当たり前じゃないか」と考えているようです。

濃いつき合いほど、いつか相手を憎む

「人間だもの、機嫌のいいときもあれば悪いときもある。それを丸ごとぶつけてどうしていけないのか」

好きな人と一緒にいたいと思う人は、基本的にそんな気持ちがあるのでしょう。けれども、悪感情をぶつけられる人間はたまりません。どんなに好きな相手でも、間近にそういう態度を見せられ、しかも離れようとしないのですから、しだいに憎悪の感情さえ生まれてきます。

こうなるともう、最悪です。好きだったはずの相手が何もかも嫌いになってきます。そうなれば、ますます離れようとするはずです。

その結果、二人の関係はどうなるでしょうか？

愛と憎しみは表裏一体といいますが、相手が自分を嫌い、自分から離れようとする様子を見れば、どんなに好きでも愛情は憎しみに変わってしまいます。

実際、いつも相手との距離を詰め、親しくなれば濃密につき合おうとする人ほど、別れるときには憎悪の感情に満たされることが多いのです。心底、嫌いになって別れます。周囲は「あんなに仲がよかったのに、どうして？」と驚きますが、本人はすべて相手が悪いと思い込んでいます。

ほんとうの原因は、自分が相手を束縛したり、独占欲が強すぎたことにあったかもしれません。**「一人になりたい」とか、少し「離れたい」という気持ちをわずかでもわかってあげられる人間なら、たとえ疎遠になっても憎しみの感情までは持たない**からです。

そのことに気がつかない人は、また誰かと親しくなれば同じことを繰り返します。好きになればいつも一緒にいたいと思い、相手がその接近ぶりが息苦しくなって離れようとすれば、今度は憎みます。

人と人とが、いい関係を保てる心理的な距離感が理解できないのです。

その極端なケースが、ストーカーなのかもしれません。

「嫌いなところもあるけど、やっぱり好き」という関係がいい

どんな人にも、いいところと悪いところがあります。

誰かとつき合う、親しくなるというのは、そのいいところも悪いところも含めて、相手を受け入れるということです。

「あの人の素直で真っ直ぐなところが好き。強引なところ、ずぼらなところは好きじゃない。でも、やっぱりあの人が好き」

こう書くと少しも論理的ではありませんが、人間関係というのはもともと、論理的には説明できませんんね。人を好きになるというのは、相手の短所はわかっていても、それでも好きになれるから素晴らしいのだと思います。

ところがあんまり近づきすぎてしまうと、好きなときには「いいところ」しか見えなくなります。「恋は盲目」の状態です。「あばたもえくぼ」の状態です。そこで相手にしがみついて嫌われると、今度は相手の嫌なところしか見えなくなります。

つまり視界が狭くなってしまうのです。

「ほどよい距離」を置くと、相手の全体が見えます。これは物理的な事実ですが、心理的にも当てはまります。**距離を置けば感情にも冷却期間が生まれますから、客観的に相手を見つめることができるようになるのです。**

そこで、「あの人にもいろいろな面があるけど、やっぱりわたしには大切な人なんだ」と気がついたときに、ずっとつき合っていこうという気持ちが生まれます。たぶん、うまくいっている夫婦とか、古い友人同士にもそういった気持ちがあると思います。

それだけ相手をちゃんと見ることのできる距離があるということですね。

その距離は、決して冷淡さや計算ずくで生まれてくるものではなく、相手とのいい関係を長く続けたいというわたしたちの自然な心の動きから生まれてくるのだと思います。

「ほどよい距離」が、周りといい関係をつくる

心理学の世界でとてもよく知られている寓話《ぐうわ》に、「ヤマアラシのジレンマ」というのがあります。

2匹のヤマアラシが寒いからもっと近寄って温め合いたい、でも近づきすぎるとおたがいのトゲが刺さって痛いというジレンマを、「ほどよい距離」を保つことで乗り越えるという話ですが、人間関係の場合の「寒さ」は孤独感とか、依存心とか、あるいは独占欲といった複雑な心の動きから生まれてきます。

だから「ほどよい距離」といっても、ヤマアラシのように単純にはいかないのです。

けれども基本は同じです。わたしたちだって、**誰かといい関係をつくろうと思えば適度な距離感は必要です。**

まして好きな人や、長くつき合いたいと思う相手とは、それだからこそほどよい距離を置く気持ちが大切になるはずです。その人と、ずっとうまくやっていきたいと思う気持ちがあればなおのこと、いい距離感を保つ気持ちです。

もう一つあります。

これもとても大事なことです。

誰かと近づきすぎると、「その人しか」見えなくなります。

そのぶん、他の世界が見えなくなります。人間関係でいえば、誰かと濃密につき合えばそれ以外の人とつき合う時間が減るのですから当然のことです。

その誰かが、もし組織やグループだとすればどうなるでしょうか。

わたしたちは疎外感を恐れます。グループの中で自分だけのけ者にされると、何とかしがみついてつながりを保とうとします。するとやっぱり、他の世界が見えなくなるのです。この場合は一人の人間よりもっと強固な世界に閉じ込められてしまいます。

「ほどよい距離」というのは、そういった意味で相手は決して個人だけを意味するのではなく、**あなたがいまいる場所も含まれています。**

会社であろうとグループであろうと、距離を保って見つめる気持ちがなければ結局は埋没したり、周りへの嫌悪感で飛び出してしまったりする結果が待っています。

いい関係を長く保つためには、「ほどよい距離」を保ったほうがいいということを、まず、わかってほしい。そして、あなたにとってとても大切な問題、人間関係というものについて、どうか大きな気持ちで考えてみてください。

第1章

「近づくほどわかり合える」のウソ

近づくほど「その人」が見えなくなる！

恋愛の話から始めてみます。

たぶん、あなたにも〝切ない恋愛〟の経験があると思います。〝切ない〟というのは、失恋したとか、誰かの恋人を好きになったとか、そういう意味だけではありません。

首尾よく恋愛関係になったとしても、やはりつらいことがあったはずという意味です。

たとえば思春期がそうでした。

まず、「その人がすべて」という時期がありました。その人の様子や、こちらへの向き合い方をいつも気にして、「嫌われているのかな」とか「相手にされていないのかな」と落ち込んだり、「声をかけてくれた」「笑顔を浮かべた」と喜んだり、寝ても覚めてもその人の顔が浮かんできて勉強も手につきませんでしたね。

恋愛がうまくいっているときも同じです。

ますます距離が縮まりますから、その人しか見えなくなります。

すると、言葉や仕草の一つ一つが気になります。相手の反応を見るたびに、「どういう意味だろう」とか「気に障ったのかな」と気にしたりします。有頂天で楽しいはずのデートなのに、別れた後はぐったり、むしろ一人になってホッとするときもありましたね。でもまたすぐに、会いたくなるのです。

いちばんつらいのは、相手の気持ちが「わからなくなる」こと。

「彼はほんとうはどう思っているんだろう」とか、「彼女は無理してつき合ってくれているんじゃないか」と考えだすと、一緒にいるときでも不安になってきます。

つまり、相手の存在が大きくなればなるほど、どんなに近くにいても相手の心が見えなくなってしまうのです。心と心の距離は、近くにいても離れてしまうときがあります。

ほんとうは幸せなはずの関係なのに、なぜか、いつも不安な気持ちに包まれてしまう……そんな体験は、あなたにもあるでしょう?

家族が「うっとうしくなるとき」はいつ？

わたしが長く学んでいる森田療法では、**親子関係とか家族関係には「とらわれ」が起こりやすいと考えます。**

相手に気を遣いすぎることで、相手もこちらを余計に気にするようになるということです。おたがいに気を遣い合えば、どうしても息苦しくなります。ふつうの人間関係でしたら、そうなる前にどちらかが距離を置いたり、あるいはつき合いが途絶えたりするのですが、**親子や家族の関係はそれがむずかしい。**

すると、おたがいに束縛し合うようになります。相手の存在が大きくなりすぎて、そこから逃れられなくなるのです。

けれども、親子や家族、とくに母親と子どもの関係というのは、どうしても距離がくっついてしまいますね。子育てのころはとくにそうで、母親は自分の子どものことだけを考え、しかも一日中、離れません。子どもだって母親のそばから離れようとしません。
そういうとき、母親は自分の子どもを「わたしがそばにいなければかわいそうだ」とか、「一人じゃ何もできない」と思い込んでいます。もし、そのままずっとくっついていれば、やがては疲れて子どもの顔を見るのも嫌になるでしょう。

ところがそのうちに子どもは母親から離れる時間を持つようになります。保育園や幼稚園に通ったり、小学校に入学するときが来るからです。そこでたいていの母親は、「一人にして大丈夫かな」とか、「わたしがそばにいないと不安になるんじゃないかな」とか心配しますが、案じるまでもありません。

いつのまにか、友だちと仲良く遊んだり、手を挙げて自分の意見を言ったり、みんなと協力し合って作業ができるようになっているからです。「まあ、知らないうちにずいぶん大人になったんだ」とたいていの母親は感激します。

こうなると、子育ても楽になります。「いつも一緒にいなければ」というこだわりも消えて、自然に子離れができるからです。

ところが、子どもが学校で人間関係に問題が生じたときに、親はまた気になってしょうがなくなり、束縛するようなことが起こります。そして、子どももそれを気にして、とらわれが生じてしまうのです。人間関係が近いからこういうことが起こりやすいわけです。

ほどよい距離感で、その人のよさが見えてくる

いま、恋愛と親子関係の話をしました。

どちらもおたがいに近づきすぎて、相手しか見えなくなる関係です。

それで安心するかといえば、決してそんなことはありません。わかり合えるかといえば、これも違います。ところが、**おたがいの間にほどよい心理的な距離が生まれると、逆に安心したり、いいところも悪いところも含めて相手がわかってきます。**

たとえば恋愛でも、社会に出て仕事を持つと思春期のように「寝ても覚めても」といっ

た情熱はなくなります。仕事がらみの交友関係や行動半径も広がっているので、恋人に対しても一定の距離が生まれます。相手しか見えない、ということはありません。すると、**周囲のいろいろな人間と比べることで、その人の長所も短所もわかってくるのです。**

「彼女は気が強いけど、クヨクヨしなくて大らかなところがいい」

「彼はぶっきらぼうだけど、思いやりがあってやさしい人だ」

そういった、いいところも悪いところも含めて、「わたしには大切な人」という肯定感が生まれてきます。

親子も同じですね。自分の子どもを少し離れた距離で見つめるようになると、その子のいいところも悪いところもわかってきます。「こういうところは直してほしいな」とか、「こういうところは真っ直ぐ伸ばしてほしいな」といった気持ちになれば、子どもに対して余裕を持って向き合うことができます。

心理的な距離が生まれることで、ほめることと叱ることをきちんと使い分けるようになるからです。

ところが、**くっつきすぎるといいところも悪いところも見えなくなります。**子どもにふり回されてオロオロしたり、ストレスから逆に子どもにつらく当たったりします。どうつき合っていいのか、わからなくなるのです。

近づきすぎると、「好き」「嫌い」が極端に出る

精神分析の世界では、いわゆるボーダーライン的な性格の人ほど相手にくっつきすぎる傾向があると言われています。ボーダーラインというのは「境界性パーソナリティ障害」と呼ばれる精神障害のことですが、他人との距離のとり方に失調のようなものが生じる特徴があります。

どういうことかというと、相手を好きになれば一気に距離を詰めて、いつも一緒にいようとします。

ところが相手がその人を嫌って避けるようになると、今度は憎悪の感情に満たされてス

トーカーをやったりします。好きなときも憎むときも、極端な距離のとり方をしてしまうのです。

現実にはそこまで極端でなくても、他人との距離のとり方が下手な人は大勢います。たとえば友人同士でも、つき合っているときにはベッタリの関係になって、しょっちゅう電話したりメールを送ってくるのに、相手が自分を少しでもないがしろにするとたちまち周囲に悪口を言いふらすような人です。

「彼女なんか最低よ。近づいてくる人間を利用するだけ利用して、用が済めばとたんに冷淡になるんだから」

そういう悪口を聞かされても、周囲は「そこまでひどい人かなあ」と思います。「わたしはふつうにつき合っているけど、とくに嫌な思いをしたことはない」「あんなに仲が良かったのに、どうしてこんなに悪口を言うんだろう」と不思議になるのです。

つまり**距離のとり方の下手な人は、相手を好きになると相手のいいところしか見えないし、嫌いになってしまうと逆に悪いところしか見えなくなります。**

別の言い方をすれば、相手を好きになると悪いところは見ないようになるし、嫌いになるといいところは見ないようになるのです。

人間のまなざしには、このようなゆがんだクセが起こりがちです。

「会いたいな」の気持ちが、長いつき合いになる

ときどき何かの拍子に友人の顔が浮かんできて、「そういえばしばらく会ってないな」と思い出すことがあります。

「あいつ、どうしてるかな」と思えば会ってみたくなりますが、「まあ、元気でやってるんだろう」と思えばそういう気持ちもだんだん消えていきます。

現実問題として、まったく違う業界で仕事をしていたり、住んでいる場所や勤務先が離れていれば会うのは面倒です。

自分自身の忙しさもあります。わざわざ時間をつくってまで会いたいとは思わないし、

「あいつだって忙しいだろう」と考えます。同世代の友人なら、私生活も含めて何となくその忙しさが想像できるものです。

では、会わないままに縁が切れるかというと、そうでもありません。

ときどきでも「会いたいな」と思う人とは、年賀状のやり取りがあったり、転居やメールアドレスの変更があれば通知するからです。つながりは保っておこうとします。

そしてほんとうに何年かに一度の割合で顔を合わせることがあります。仕事や出張で近くに行ったり、逆に相手から突然の連絡が入ることもあるからです。

40代とか50代になると、同窓会の通知が来れば「あいつに会えるかもしれない」と思って出かけたりします。

そうして会えたときには、やっぱり嬉しいのです。

「元気そうだな」とか「変わってないな」と声を掛け合い、夢中になって話し込みますから楽しい時間もたちまち過ぎてしまいます。別れるときにはすっかりいい気分になって、「また会おう」と約束します。

たまにしか会えなくても、長く、しかもいい関係が続くつき合いがあります。そういう相手とは、ふだんはずいぶん離れています。でもその距離感が、「会いたいな」という気持ちをずっと保たせてくれるのでしょう。

「少し離れたい」という心のサインを見逃さない

いまの話と逆のケースもあります。

あなたにもし、気の合う友人や同僚のように、毎日おしゃべりしたり、退社後も一緒に食事したりお酒を飲んだりする相手がいたとします。

もちろん、そういうつき合いは嫌いではありません。

けれども、飽きてきます。そのうち話すこともなくなって、同じ話題を繰り返したり、他人のうわさや悪口ばかり言い合っている関係が、つまらなく思えてくるからです。

すると、「今日はいいかな」と思うときがあります。

顔を合わせてもとくに話はせず、帰りが一緒になってもあっさり「お先に」と言って別れてしまいます。

相手は「あら?」という顔を一瞬、見せますが、「じゃあね」と言ってとくに引き止めもしません。「このところ、毎日だもんね。それもそうね」といった顔つきです。

じつはその瞬間、おたがいにすごく気持ちが軽くなったりするのです。「さあ、何しようかな」という解放感が生まれます。

「たまには真っ直ぐに帰って、ワインを飲みながら映画のDVDでも観ようかな」

「キッチンをきれいに磨いて、野菜をたくさん入れたシチューでもつくるかな」

そんなことを思いつくと、何だかウキウキしてきます。一人の時間を楽しむなんて、久しぶりのような気がしてくるのです。

こういった心の動きは、他人と近づきすぎたときにその反動として自然に起きてきます。**あんまりダラダラつき合っていると、おたがいにもたれ合っているようで気分が重くなってくるからです。**

そこでもし、「先に帰ったら悪いかな」と思って何も言い出せず、いつものようにダラダラつき合うとどうなるでしょうか？　おたがいに話すこともなくなり、「つまらないなあ」と思うようになります。

「いつまでこの人とつき合えばいいんだろう」と嫌悪感すら抱いてしまいます。

「サービスしているのはわたしだけ」という不満

相手に近づきやすい人は、自分のそういう距離のとり方をとくに変だとは思っていません。ふつうの人よりくっつきすぎていることに気がつかないのです。

そのかわり、相手に不満を持つことがあります。

「なんだかいつも、しゃべるのはわたしばかりじゃないの」

「こっちは一所懸命に盛り上げようとしているのに、彼女は全然、乗ってこない」

自分だけがサービスしているみたいで、しだいに不愉快になってきます。けれども、相手だって同じことを考えています。

「この人は一人でしゃべっているけど、聞いてる身にもなってほしい」

「自分だけ盛り上がっているけど、わたしが興味持ってないのがわからないんだろうか」

つまり相手は、もううんざりしているのです。

長電話の人にもそういう傾向がありますね。本人は延々としゃべり続けます。こちらは諦めて頷くだけです。「いい加減にしてくれないかな」と思うのですが、気の弱い人は「忙しいからまたね！」と言って電話を切れません。

ところが電話をかけてくるほうは、自分の話を聞いてもらっていると信じ込んでいます。まして電話は相手の様子が見えませんから、長話をしていることが迷惑だとは思いません。「電話ぐらい、いいじゃないの」と考えます。

メールにも同じことが言えて、頻繁に私的なメールをよこしたり、自分のことをクドクド書いてくる人は、それが相手の迷惑になるとはまったく思いません。「メールだから、空いてる時間に読んで返事をくれればいい」と考えています。

受け取るほうは違います。

一方的につきまとわれている感じで、嫌な気分になることがあります。

「べつにわたしのほうからこの人に用事はないんだけど」という気分です。**心理的にくっつきすぎやすい人は、それによって相手が離れていくことに気がつかないままなのです。**

「自分をわかってほしい」が強すぎるとウザイ人になる

こちらに近づこうとする人間が、あんまりしつこいとわたしたちは「ウザイ」と感じます。ウザイなんて決してきれいな言葉ではありませんが、腹立たしさも加わってついそう感じてしまうのです。

ウザイは「うっとうしい」とか「煩《わずら》わしい」「うるさい」といったニュアンスの言葉で

すが、相手に向かって直接、投げつけることはめったにありません。それをやれば、たちまち険悪になるからですが、理由はほかにもあります。

ウザイ人は、自分のウザさに気がついていないからです。

こちらにつきまとって、あれこれ親切めかした忠告をしたり、ときには自慢したりグチをこぼしたり、とにかく煩わしい関係を続けようとする人間は、そのベタベタした距離が嫌がられていることにまったく気がついていません。

それどころか、本人は相手のために尽くしているとさえ思い込んでいます。たとえば子どもに長々と説教を垂れるような親です。

「パパがおまえぐらいの年頃には……」とか、「世の中というものは……」とかいった調子で、自分の考えや気持ちを子どもに伝えようとします。

あるいは逆に、「悩んでいることがあったら何でも話してごらん」と子どもの気持ちを聞きだそうとします。「黙っていてもキミの考えは伝わらないよ」と追及してきます。

こういう親に対して、ほとんどの子どもは心の中で「ウザイ」と叫んでいますが、口には出せません。納得したような顔で親の話を聞き流すしかないからです。

ところでどういうわけか、ウザイのは男親というケースが多いようです。ふだん、子どもと接する時間が少ないので、たまに顔を合わせたときにはできるだけ気持ちを通い合わせようとするからでしょう。

でもそこには、相手をわかってあげようという気持ちより、自分のことをわかってほしいとか、認めてほしいという気持ちが強く働いていないでしょうか。**ウザさの正体は、そういう押しつけがましさ**になっているはずです。

独占欲の強い人はなぜ煙たいのか

他人と近づきすぎる人間にはどうしても独占欲が生まれてきます。

「わたしがこんなに思っているんだから、わたしの言うことは聞いてほしい」とか、「わたしはあなただけを見ているんだから、あなたもわたしだけを見てほしい」といった気持ちです。そういう気持ちが、次第に相手への過度な要求となってきます。

恋愛の場合でも、男性が女性をデートに誘って「今日は仕事が忙しいから」と断られるケースは珍しくありませんね。「彼女も大変なんだな」と思えばあっさり諦める気になります。ところがそう思わない男性もいます。

「オレだって忙しいのに、ムリして時間つくったんだ」と考えるタイプです。

「こっちはずっと残業続きで、今日はやっと定時に帰れそうなんだ。そういうときぐらい、合わせてくれたっていいじゃないか！」

本人にしてみれば、スジの通った理屈かもしれませんが、女性にしてみればまったく無理難題です。どんなに応じたいと思っても、それが許されない状況があります。

「まったく！　仕事しているんならそれくらい、わかりそうなもんじゃない！」

そう考えたときに、この女性は男性に煩わしさを感じるようになります。

「何でも自分の思い通りにしたがる人なんだ」と思えば、「ちょっとつき合い切れないな」

という気がしてくるからです。

ここで、「嫌われたくない」と考える女性がいるかもしれません。

「せっかく誘ってくれたんだから、断ったら嫌われる」と考えて、ムリをして相手の要求に応じればどうなるでしょうか？

同じことですね。相手は女性の行動を当然のように受け止めます。迷惑をかけていることなんか全然気にしていない状態です。そういう態度を見て、やっぱり考えるはずです。

「この人はわたしの気持ちなんか全然、わかっていない」と。

ゆっくり近づくリズムがいい関係をつくる

わたしたちは、「この人のことをもっとよく知りたい」と思うことがあります。

「雰囲気のいい人だな」とか「気が合いそうだな」と感じ、「ちょっと話しかけてみようかな」と考えるときです。

そういうときは、**いきなり相手のプライベートな部分に立ち入ったりはしません。そんなことをすれば相手だって警戒して、何も話さなくなるからです。**

もちろん、自分のことも詳しくは説明しません。こちらから近づいて、訊かれもしないのに自分のことをペラペラ話したら「なに、この人？」とやっぱり警戒されるからです。

ではなにを話すかといえば、ほんとうにどうでもいいことばかりです。パーティーのような集まりで初対面の人に好感を持ったときでも、目の前の料理の話とか、会場の雰囲気や印象とかでしょうか。

でも、そういったなんでもないやり取りの中で、気持ちよく会話のできる人とはだんだん話が弾んでくるものです。「この人、感じがいいな」とおたがいに思えば、別れるときには名刺を交換して、「またいつか」と約束します。

この約束だって、別れの挨拶みたいなものですね。「またいつか、お会いできればいいですね」という気持ちを伝え合っただけです。でも、おたがいにそういう気持ちになっていれば、ここまでは十分にわかり合えたことになります。

そういう相手とまた偶然、どこかで出会ったときには（その確率は高いのです）、おたがいに自然な笑顔が浮かんでくるはずです。

いきなり近づこうとする人はどうでしょうか？

実際、いまのようなケースで、あなたが初対面の人となんでもないやり取りを楽しんでいるときに、横から割り込んできて「こちら、どなた？」「わたしにも紹介して」と話しかけるのがいきなり距離を詰めようとする人です。

すると、せっかくの雰囲気がぶち壊しになります。相手も気まずそうに離れていきます。**性急に距離を詰めようとする人は、結局、逃げられてしまうことが多いのです。**

時間をかけてわかり合うことが大切

自分をわかってほしいという気持ちは誰にでもあります。

もちろん、相手のことをもっとよく知りたいという気持ちもありますが、どちらの場合でも、好きな相手ほどそういう気持ちが強くなります。嫌いな相手なら、べつに自分をわかってほしいとは思わないし、相手のことを知りたいとも思わないからです。

ここに、すぐ近づこうとする人の問題点があります。

いきなり距離を詰めようとしたり、あるいは好きな人とつき合い始めたときでも相手を拘束したり、独占しようとすれば、たいていの相手は「ウザイ」と感じます。

どんなに最初は好意を持っていても、あまりつきまとわれると煩わしく感じてしまうのです。

すると嫌いになります。

嫌いになればもう、自分をわかってほしいとも思わないし、相手を知りたいとも思いません。適当にあしらうだけになります。

ところが、**ベタベタとつきまとう人はウザく思われていることになかなか気がつきません。**とうとうはっきりと避けられたときに、今度は「こんなに尽くしているのに」とか「あなたのためを思ってやっているのに」と考えますから、好意や愛情がいきなり憎悪に変わってしまうのです。

そう考えてくると、くっつきすぎる人は自分からわざわざ、わかり合うことを遠ざけていることになります。あるいはせっかくわかり合いかけた関係を自分から壊していることになります。

もしあなたが、「わたしは後味の悪い別れ方が多い」と少しでも感じているようでしたら、自分と相手との心理的距離について考えてみてください。

性急に近づくことが多くないですか？

近づけばその人のことだけ考えることはないですか？

ほんとうにいいつき合いをしたいと思ったら、もっと時間をかけて、その人のいいところも悪いところも含めて、少しずつわかり合おうとする気持ちが大切です。

ほどよい距離をつくる7か条

身近な人とは クールな距離を

1 近くにいても心が離れることがあると知ること

2 気を遣いすぎないこと

3 「少し離れたい」と感じたらその気持ちに従おう

4 「わかってほしい」を押しつけないこと

5 他人の会話に無遠慮に割り込まないこと

6 長電話は慎むこと

7 プライベートな話題はあまり持ち出さないこと

第2章

嫌いな人がいなくなる「ほどよい距離」があります

「近いから嫌いになる」と気づいてください

「嫌いな人がいたら、好きになるところまで離れればいい」と言ったのは、作家のよしもとばななさんです。ほんとうにそんなことが可能かどうかはべつにして、**相手との距離が「好き」とか「嫌い」といった感情を左右する**のはたしかな事実です。

たとえばあなたが嫌いな人は、間違いなくあなたのそばにいる人です。

職場で嫌いな相手は同じ部署の人間で、近所づき合いで嫌いな相手は隣家だったり向かいだったり、とにかくすぐ近くにいますね。

これは当たり前のことで、離れている相手ならべつに顔を合わせることもないし、言葉を交わす必要もないのですから、どんなに嫌なうわさが耳に入ってきても気になりません。「ああ、そうなんだ」でおしまいです。

では、嫌いな相手と離れるためにはどうすればいいのでしょうか。

これはちょっとむずかしいですね。

同じ部署の人間だったら毎日、顔を合わせないわけにはいきません。仕事のやり取りもあれば、何人かを交えておしゃべりするときもあります。飲み会で近くに座ることだってあるでしょう。

すると、どうしても意識します。「相変わらず嫌な人だな」とか、「どうしてツンツンした話し方をするんだろう」とか、「人を見下した態度はいい加減にしてほしい」とか、その人の嫌なところだけが目についてしまいます。

これがもし、ふだんは離れた部署にいて挨拶程度のつき合いしかない相手ならどうなるでしょうか？

とくに「嫌な人」とは思いません。話し方や態度も、好きになれないとしても嫌悪することもないでしょう。つまり万事、どうってことないのです。

その「どうってことない人」がなぜこんなに嫌いなのでしょうか。

近いところにいるからですね。しかもあなたは、その人を気にすることでますます心理的な距離のない関係に陥っている可能性があります。

無意識のうちに嫌いな人と張り合っていませんか？

現実問題として、近くにいる人を気にしないというのはむずかしいですね。

でも、「わたしはどうしてこの人がこんなに嫌いなんだろう」と考えていくと、**必要以上に距離を詰めている**ことに気がつきます。つまり、**相手にしなければいいのに、いちいち張り合ってしまう**のです。

会議や打ち合わせのときに、その人の意見につい反論してしまう。

数人でおしゃべりしているときに、その人の話を無視して自分の話題を持ち出す。

その人が残業していれば、「負けるもんか」とつい残業してしまう。

その人がのんびりお茶を飲んでいると、わざと忙しそうに動き回る……。

もちろん、あなたは「そんなつもりはない」と言うでしょう。

「それはわたしじゃなくて、あの人がやっていることだ」と反論するかもしれません。

でも、おたがいに嫌い合っているから、相手のことをつねに意識するし、無意識に張り合ってしまうというのはあるはずです。「あっちが悪い」という気持ちを、おたがいに持っています。

こういう関係は、**他人との心理的な距離を詰めやすい人が、嫌いになると相手の嫌なところばかり見てしまうというケースにそのまま当てはまります。**言葉の端々まで気に障るとか、ただの笑顔が嘲《あざけ》りに見えてしまうとか、そういう受け止め方です。


ではほかの人はどう感じているでしょうか？

たぶんあなたが「あの人、ほんとに嫌だ」とこぼしても、「気にしすぎよ」とか、「ああいう人なのよ」といった言葉しか返ってきません。とくに好きではないけれど、毛嫌いするほどでもないという感覚です。

なぜそうなのかといえば、**適当な距離を置いているから**です。職場が同じなら物理的な距離は同じですが、**関わり合いに心理的な距離を置くことはできます。**

仕事のやり取りは必要な範囲に留める、「ありがとう」とか「お願いします」といった挨拶はきちんと実行するけれども、プライベートなつき合いは持たないといったことです。要するに、張り合わなければいいのです。

〝ケンカ友だち〟という素敵な関係もある！

職場には、周囲の誰もが認めるような反目し合う仲という関係があります。

「まったくあの二人は、顔を合わせればすぐに口論になる。うっかり片方に味方すると、もう片方から恨まれそうだ」

という具合です。

しかし、この二人は陰湿な関係ではありません。

陰で悪口を言っているのに、本人の前ではお愛想を言うような嫌らしい関係ではなく、カラッとしています。

おたがいに避け合うわけではなく、仕事と割り切って出る場所には出て、そこでぶつかります。たとえ口論になっても、後々まで相手の悪口を言うことはなく、その場で決着がついてしまいます。

そして、ときどき二人きりで愉快そうに話しもします。昼休みの社員食堂でも、そこしか空席がないとわかれば相手の隣でも向かい側でも腰掛けて平気でランチを食べます。そうして二人で「この煮物は味付けが濃いね」とか「今日のスープは美味しいね」とか、妙なところで意見が合ったりします。

「あの二人、仲がいいんだか悪いんだか、さっぱりわからない」というのが周囲の感想です。

こういう関係も、よく見れば「ほどよい距離」を保っていることが多いのです。仕事ではぶつかることがあっても、プライベートなつき合いはありません。恨んだり根に持ったりするといった執着もありません。意見の食い違いはあっても、正しいものは正しいと認める態度があります。心理的にほどよい距離を保っています。

つまり大人のつき合いができているのです。

「あの人、そんなに悪い人じゃない」と気づく距離

どんなに嫌いな人間が職場にいても、異動や転勤で相手の部署が変わったり、あるいは自分が違う部署に動いて縁が切れてしまうことがあります。

すると、最初は「やっとあの人の顔を見ないで済むんだ」と安心しますが、時間が経ってくると嫌悪感も次第に薄れてきます。誰かが「そういえば彼女、元気でやってるみたいね」と話題に上らせても、「ああ、そうなんだ」で終わってしまいます。

あるいは同じ社内なら、たまに行き合うときもあります。

すると、「もう関係ないんだから」と思えばふつうに挨拶できます。つい、「元気そうね」と声をかけると、相手も「まあ、何とかやってるわ」とふつうに応じてくれます。

そういう距離になってしまうと、不思議なもので「そんなに悪い人じゃないんだ」と考えてしまえます。

「近くにいるときはいろいろあったけど、考えてみればわたしも張り合いすぎたかな。そんなに悪い人じゃないんだから」

距離がわだかまりを溶かし、相手を嫌う感情も溶かしてくれたことになります。**離れることで、少なくとも相手に抱いていた悪い感情は薄れていくことが多い**のです。

距離があれば嫌う感情も薄れてくるというのは、相手の嫌なところを見なくて済むようになるからですが、離れてしまえば張り合うこともなくなるというのも大きな理由です。

けれどももっと大きな理由があります。

距離があればその人の全体が見えてくるということです。

心理的にも離れることで気持ちに余裕が生まれると、その人の「そんなに悪くない」ところが見えてくるのです。

この、**「全体が見える」というのはとても大事なこと**です。

ケンカ友だちも、ふだんは「ほどよい距離」を保っているから、おたがいに相手の「そんなに悪くない」ところが見えています。

「がんばっちゃう人だ」とか、「手は抜かない」「責任感が強い」といった、認めざるを得ないところもちゃんと見えているのです。

「わたしもそうだから、ぶつかってしまう」ということまで、ちゃんとわかっています。

「それくらい、いいじゃない」と笑ってくれる人

相手を嫌いになれば、その人の欠点や、許せないところがどんどん目につくようになりますが、そうなってくるとほんの些細なことで腹を立ててしまいます。

たとえば仕事を頼まれたときでも、「あの態度は何よ」と腹が立ちます。「こっちだって忙しいんだから、もう少し丁寧な頼み方をしてもいいじゃないか」といつまでも気が収まりません。

返事の仕方、当てこすりのような話題、自慢顔、すべてそうです。やることなすこと嫌みにしか見えないし、実際に嫌みだと思い込んでしまいます。

でも、そのことを誰かに洩らすとかならず返ってくる言葉があります。

「そんなこと、いちいち気にしないの」

「『また始まったな』って思っていればいい」

そう言われると、自分だけプリプリしているのも恥ずかしい気がします。「まあ、それもそうだな」と思い直すことだってできるのです。

「いちいち気にしていたら、それこそ相手の思う壺《つぼ》だ」

そう気がついたときには、ずいぶん落ち着いてくるはずです。

「わたしが気にしない顔をしていれば、相手も拍子抜けするだろうな」と考えると、逆に余裕が出てきます。

あなたがもし、嫌いな人間と距離を置くのがむずかしいと感じているのでしたら、間に誰かをはさむという方法もあります。もちろん、あなたが好きな人、信頼できる人がいいです。その人に、「どうしてああなんだろう」とあなたが不満を洩らせば、きっと「それくらい、どうってことないよ」と言ってくれるはずです。

「そういう人なんだから、気にするほうが損よ」と笑ってもらうだけで、ずいぶん楽な気持ちになります。

何よりも、**「わたしの気持ちをわかってくれる人がいる」という安心感が、嫌いな人の存在を遠く感じさせてくれるはず**です。

自分の世界が広がれば、相手の「存在」は小さくなる

定年を迎えた男性が、家でゴロゴロしていたら妻に嫌がられるだろうと考えて、趣味のサークルや習い事教室みたいなところにせっせと通い始めたそうです。

ところがひと月もしないうちに、飽きてきます。

もともとそんなにやりたいことでもなかったし、ずっと働いてきたので、いまさら趣味だの習い事だの、本気で打ち込む気にはなれなかったのです。

そこで、しばらくは家にいたのですが、だんだん妻も不機嫌になってくるのがわかります。やはり息苦しいのです。そこにちょうど、「働いてみないか」という誘いがきました。介護施設のヘルパーのような仕事でしたが、「少し体を動かそう」という気になりました。給料は安いのですが、外の空気が吸いたくなりました。

「ボランティアだと思えばいいんだ」

そう考えて週に3日勤務のその仕事を引き受けてみたそうです。

すると結構、やることはたくさんあって忙しいのです。施設の職員や利用者にも声をかけられたり、お礼を言われたり、ときには一緒にお茶を飲んだり、休日の催しにもお呼びがかかったりで、どんどん人づき合いが活発になってきます。

不思議なもので、たったそれだけのことでこの男性は妻とのつき合いが楽になります。以前は「うっとうしがられないように」とか「手を煩わせないように」と気を遣い、それがかえって男性を窮屈にさせていたのです。

ところが仕事で世界が広がると、心の中の妻の存在は小さくなります。「小さく」というのは「どうでもいい」という意味ではなく、**いつも気にしなくて済む**という程度の意味です。一緒にご飯を食べても話題には困らないし、家にいるときも以前と違って男性にはやることがたくさんできました。

「風呂や玄関周りの掃除とか窓拭き、庭の手入れ、棚をつくったりすべりの悪い網戸は修理したり、そういうのは施設の仕事で慣れてしまったから」

もちろん妻も伸び伸びとふるまってくれます。妻には妻でやりたいこともあれば予定もあるので、放っておいても自分一人で動き回ってくれる夫はいちばん助かるのです。

相手ばかり見てしまうから、息苦しいのです

実際に身近な存在であっても、その人を小さく感じる方法はあります。

自分の世界を広げればいいのです。

職場だけの人間関係、仕事だけの人間関係にいるかぎり、自分が嫌いな相手はいつまでも目の前にいるし、相手だっていつまでもこちらを気にします。そういうのを、おたがいにうっとうしいと思うくらいでしたら、まずこちらから世界を広げるしかありません。

ふだんのことを思い出してみましょう。

あなたが苦手な人、嫌いな人はたぶん、あなたに干渉してくる人です。

「どうしていちいち突っかかるんだろう」とか、「放っておいてくれればいいのに」と思

うのですが、なぜか干渉してきます。

あるいは、「どうしてわたしを無視するんだろう」と思うときもあります。干渉したかと思えば、徹底的に無視を決め込むときもあります。

やることなすこと、不自然に思えてくるのです。

「もっとふつうにふるまってくれればいいのに」と思います。「ほんとに頭にくる」と腹が立つこともあります。

けれども、**あなたもその人の存在に神経を尖らせてはいないでしょうか。**

「ここで失敗すれば勝ち誇ったような顔をされるんだろうな」

「ちょっと仕事がトラブっているけど、あの人にだけは知られたくない」

「この仕事は彼女の受け持ちだけど、わたしにできるんだからやってしまおう」

そんな調子で、いちいち相手のことを気にして萎縮したり、不自然な動きをしたりしてしまうことはないでしょうか。

もしそうだとすれば、あなたはあなたの嫌いな人間と見詰め合っていることになりますね。これではおたがい、息苦しくなるのも当然です。

距離を置くというのは、心理的に相手が小さく見えるということです。

相手の姿が見えないときでもその存在を気にしているかぎり、自分から相手を大きくしていることになります。

人間関係にこだわりがない人になる

近い距離にいる人間でも、しょっちゅう姿の見えなくなる人とはわりと気楽に接することができます。たとえば上司でも、いつも自分のデスクにへばりついて気むずかしい顔をしたり、こちらを観察しているようなタイプはうっとうしい。

けれども、社外や社内を忙しく動き回って、たまに「今日はいるんだな」と思えばまたどこかに出かけてしまうような上司なら、部下も気が楽です。出かけるときには「お願いしまーす」、帰ってきたら「お疲れさまです」と声をかけると、「オウ」と元気な返事をしてくれる上司なら、部署の雰囲気にも活気が出てきます。

これはあなた自身にも当てはまりますね。

人と会ったり打ち合わせたり、上司に報告したりお得意先に電話したり、手の足りない部署の助っ人を頼まれたりといった、動きのある仕事をしていると同僚とはバタバタした短いやり取りしかできません。

しかもいろいろな場所の空気を吸って、いろいろな人間とつき合っていますから、自分の部署に戻っても気分はフレッシュです。

「さあ、仕事が溜まっているからちょっと集中しなくちゃ」と思えば、同僚の存在もそれほど気になりません。

こういったことは、あなたの周囲を見渡したときにも気がつくはずです。

いつも飛び回っている人ほど、他人への悪感情を持ちません。活発だからそう見えるというだけでなく、**特定の人間関係に執着しているヒマがない**というのも大きな理由です。

そういう人は、身近な人間に対しても自然に距離が生まれていますから、誰とでもサラリとしたつき合いができます。

かりに誰かがこの人を嫌ったとしても、相手はそんなこと気にもしないし、だいいち気がつかないかもしれないのですから、悪感情も長続きしないのです。**最悪の人間関係はいつも、風通しの悪い距離から生まれてくる**のです。

感情が入り込みやすい関係が危険

風通しのいい人間関係は、ベタベタしていません。

おたがいの距離の取り方がクールです。たとえば退社後のつき合いでも、タイミングが合えば「どう？」と声をかけることはありますが、「×（バツ）」と返事されて「じゃあね」で終わってしまうような関係です。

バツの理由は言わないし聞きません。そんなこと、もう答えは出ているのですから言っても聞いても意味がないのです。

ところが相手との距離を詰めたがる人は、ここでベタベタしてしまいます。

「せっかく誘ったのに」とか、「理由ぐらい言ってくれてもいいじゃない」と考えてしまいます。**ここで感情的なものが入り込んでしまう**のです。

それでつい、「誰かと約束でもあるの?」とか、「なんだ、せっかく帰りが一緒になったのに」と余計なことを言ってしまいます。

断るときもそうです。

「せっかくだけど、ちょっと予定があるから」とか、「悪いけど、このところ残業続きでたまには早く帰りたいから」とか、言わなくてもいいことを言ってしまいます。

すると相手も、「どうせわたしはヒマですよ」とか、「わたしだって毎日、残業だったわよ」と胸の中で言い返します。

「軽い気持ちで誘っただけなのに、もったいぶらなくてもいいじゃないか」と腹が立ってきます。

つまり誰かに声をかけるときも、誰かから声をかけられたときも、相手の感情を逆なでするような言い方になることが少なくないのです。

「あの人の誘いを断わると、なんだか恨まれそうな気がする」

「あの人に声をかけると、いつも後味の悪い気分になる」

そういった、感情がむやみに入り込みやすい関係をつくってしまうのが距離のとり方の下手な人です。

ブラック企業は、じつは感情で結びついた集団！

感情がむやみに入り込みやすい人は相手に近づきすぎることがあります。

もともと親しい関係だったとしても、そこに感情に偏ったものが持ち込まれると必要以上にくっつきすぎて、結局はおたがいを嫌い合って離れたりします。つまりは泥沼。あるいは逆に、拘束し合って離れるのがむずかしくなったりします。

いま、ブラックと呼ばれる企業が問題になっていますが、ああいった企業の人間関係というのも、ものすごく感情でしばられているのかなと思うことがあります。

たとえば上司が部下に長時間労働を強いるときには、自分もそうやって鍛えられてきたという思い込みがあります。「だからおまえも、耐え抜いて這い上がるんだ」という感情的な指導になります。

「おまえのためを思って仕事を任せているんだ。こんなことで弱音を吐いてどうするんだ」

「オレだってこんなに働いているんだ。おまえたちにできないはずはない」

そういう理屈でガンガン部下を追い詰めます。

本来だったら、完全な法律違反の超過勤務を強いているのですから、「冗談じゃない」とか「やってられない」と部下は一斉に反発してもいいはずなのですが、感情に偏った人間関係の場合はそういう上司の指導に逆に納得する人間まで出てきます。

「そうだ、これぐらいで弱音を吐いちゃいけない」とか「課長はオレのために必死になっているから、応えなくちゃいけない」と思い込む部下が出てくるのです。
「こんな職場、おかしい」と気づいてさっさと飛び出す社員ならいいですが、不満があっても言い出せなかったり、自分の努力が足りないと思い込んだり、あるいは上司の指導を「愛の鞭《むち》」だと受け止める社員がいたりします。ほんとうは錯覚なのですが。

結局、感情で結びつく人間関係は冷静さも客観性も失っていきます。

愛憎一体の職場がブラック企業ということだってありうるのです。
もちろん、最初から搾取《さくしゅ》することを目的にする会社もあります。これは論外です。

事実を伝えるだけの関係は、ベタベタしないで済む

わたし自身はもともと、濃い人間関係は好きではありません。友人関係でも、どちらか

といえばたまに会う程度のつき合いのほうが長続きしているし、気持ちのいい関係を保っているからです。

それは子どもに対しても同じで、二人の娘ともわりと距離があります。「ああしろ」「こうしろ」といった押しつけはしないで事実だけを説明しているからです。

たとえば「勉強しろ」とは言わないで、「これからの時代、女の子だって自分で食えるようにならないといけないよ」と言い続けてきました。年頃になって男の子に関心を持っても、「そんな若いうちからつき合うな」とは言いませんでした。

そのかわり、「女の子がセックスすると、妊娠や性病のリスクもあるよ」と、これも事実だけをはっきりと指摘してきました。

「勉強しろ」と言われれば、わかっていても反発します。

「男の子とつき合うな」と言われれば、やはり反発するでしょう。

けれども、「食えるようにならないと」と言われれば「たしかにそうだ」と受け止めてくれます。「セックスにはリスクがあるよ」と言われれば「その通りだ」と受け止めてくれます。

子どもに対するわたしのそういう接し方が正しいのかどうか、そこはわかりません。勉強でしたらもっと夢を持たせる言い方があるでしょう。異性に対する関心だって、女の子にはもっとロマンチックな言い方があるかもしれません。

けれども、逆にウザくなる可能性もあります。

「努力さえ怠らなければ、人間はかならず自分の夢を実現できるんだよ」などと人生訓めいたことまで口にして、「だから勉強しなさい」と言ったところで、「ウザいなあ」でおしまいです。

「キミたちの年頃は、憧れの気持ちを大切にしないといけないよ」と男の子への興味を抑えつけようとしても、「はいはい」でおしまいです。わたしだってそういう言い方をする自分を「ウソっぽいな」と思ってしまいます。

それよりは、**味気ない言い方になってもいいから事実だけ伝えたほうが、子どもも素直に受け止めてくれるような気がします。**

好きでも嫌いでもない「ちょうどいい距離」がいい

家族はいちばん距離の近い人間関係ですから、言葉のやり取りはつい感情的になってしまいます。「どうしてわかってくれないんだ」とか、「おまえのためを思って」といった言い方がそうです。

でも、**職場というドライな世界にウエットな人間関係は無用**ですね。

仕事でつながっている関係だから、仕事がスムーズに進めばそれでいいのです。

一人一人の個性もめざすものも異なっているのですから、プライベートな干渉は無用です。**好き嫌いの感情は仕方ありませんが、それを相手に伝える必要はありません。**

かりにそこまで割り切ってしまえば、職場の人間関係はずいぶんドライになってくるはずです。「せっかくわたしが」とか「あの態度は何よ」とか、「どっちの味方なの」といった言葉は出てこないでしょう。

たとえばあなたの職場には、好きな人も嫌いな人もいます。
でも大部分は好きでも嫌いでもない人ですね。
そういう人と、ふだんの仕事のやり取りはちゃんとできています。そういう人に、感情が乱されることもありません。つまり、**心理的にいい距離を保っているの**です。

同じ職場にいても、心理的に離れることができるというのはそういう意味です。好きな人に近づく必要はないし、嫌いな人を遠ざける必要もありません。**ただ気持ちの中で、「仕事がちゃんとできればいい」という割り切りを持つこと。たったそれだけでも、ほとんどの人とちょうどいい距離を保つことができます。**

そして大事なのは、**そういう人間関係を「水くさい」とか「冷たい」とか思わないこと**です。感情的なつき合いをしてどんなに距離が詰まっても、そこに息苦しさが生まれてしまえば結局は離れてしまうことになるからです。

ほどよい距離をつくる7か条

職場の人との距離

1. 嫌いな人とは張り合わないこと
2. 仕事のやり取りは「必要な範囲」に留めること
3. 感情でしばられた人間関係をつくらないこと
4. 断るときには余計な気遣いをしないこと
5. 人ではなく、事実に従うこと
6. いろいろな部署や世界とつながりを持つこと
7. 「仕事がちゃんとできればいい」と割り切ろう

第3章

恋も友情も「くっつきすぎ」は壊れやすい

寂しいから誰かに近づくのですか？

いまの世の中は、疎外感にとらわれやすくなっています。

一人でいると寂しくなるんだとか、みんなと同じものを求めたりみんなとつながっていたほうが安心するんだとか、そういう一般的な考え方からすれば、たしかに疎外感を覚えやすい世の中かもしれません。

職場でどんなに大勢の人間に囲まれていても、ハードワークが続く毎日は神経をすり減らします。みんな自分のことで精いっぱいだから、周りを見渡す余裕なんかありません。嫌なことがあって落ち込んでも、声をかけてくれる人はいません。

ところが、だからこそ一人でいる時間が好きだという人もいます。

「自分の部屋に帰って、寝るまでの時間を誰にも邪魔されずに、好きなことだけしてすごすのがいちばん幸せだ」と。

その一方で、一人になると不安や寂しさに包まれて、誰かとつながっていたくて頻繁にメールしたり、ラインのようなＳＮＳにはまり込む人もいます。特定の人間やグループとつき合うようになると、「仲間外れにされたくない」と必死にしがみつく人もいます。

もちろん、どんな人でも好きな人や愛する人のそばにいたいという気持ちはあります。ずっと一人でいると、ふと誰かと話がしたくなって電話したり、友人がいそうな店を訪れてみることもあります。不安とか寂しいというのでなく、なんとなく人恋しい気持ちになるときは誰にでもあるものです。

こういう気持ちは、自分から人を求める心の動きです。

「一人もいいけど、誰かと一緒にいるのもいいいな」という気持ちです。

しがみつく人は違います。

一人が不安だから、「離れたくない、捨てられたくない」という気持ちで相手やグループにしがみつき、相手が少しでも自分から離れる素振りを見せると、不安でたまらなくなって、ますます相手にしがみつくようになります。

依存症に似ている「しがみつき」の心理とは？

他人との距離について考えたときに、いまの話のように自分が好きだから相手に近づこうとする人と、一人にされるのが不安だから相手に接近しようとする人では、その距離感がだいぶ違ってきます。

これは、「欲望で動くか」、「不安で動くか」の違いといってもいいのです。

「欲望で動く人」は、恋人がほしいとか、あの人と親しくなりたいとか考えます。自分から距離を詰めようとするし、それがむずかしいとわかれば一定の距離を置いた関係で我慢できます。**自分の欲望で動くのですから、その欲望が収まれば離れることもできます。**

でも**「不安で動く人」は、相手との距離が一度近づくと、しがみついてしまいます。**その人のことばかり考え、その人がそばにいないと不安になったりイライラしたりします。

こういう心理は、**依存症の心理ととてもよく似ている**のです。

依存症は自分でも気がつかないとか、あるいは気がついていても治すのがむずかしい病気です。アルコールや薬物といったさまざまな弊害を生み出すよく知られた依存症だけでなく、買い物やギャンブル（強い弊害があります）、あるいはタバコ（やはり害です）でも、「やめなくちゃ」と思いながらやめればイライラしたり、不安になったりします。しかも「自分は大丈夫」とか「そこまでひどくない」といった独りよがりの判断をします。

したがって、距離を詰めると離れられなくなるタイプの人間が、「こんなことしても相手に嫌がられるだけだ」とか、「いい人はほかにもいっぱいいるんだ」と自分で気がつくことはむずかしいのです。他人に忠告されたとしても、耳に入らないでしょう。

けれども予防は可能です。

人と人は、ある程度の距離を置いたほうがほんとうはわかり合えるし、好きな人、愛する人とも長くいい関係が保てること。かりに好きな人、愛する人と別れることがあったとしても、その人のことを大切に思う気持ちや、自分自身の人生を大切にする気持ちだけは失わないでやっていけるのだということ。

そういうことを、**心のどこかに留めておくだけでも、「しがみつき」の心理にはならずに済むことでしょう。**

「しがみつく人」は、じつはストーカーになりやすい

ストーカーの精神分析の話はしません。みなさんはそこまで「しがみつき」ではないからです。ただ、あくまで理論として紹介するだけですが、精神分析の世界ではボーダーライン的な性格の人ほどストーカーになりやすいとされています。親の愛情が不十分だったので、いつも誰かとくっついていないと置き去りにされてしまうと思い込むとか、もともと愛情に飢えているから一度接近するとベタベタしてしまうといった考え方です。

そういった理論は理論として、みなさんに考えてもらいたいことがあります。

恋愛は相思相愛です。おたがいに相手を好きになって恋愛が始まります。

そのときもし、ここまでに説明した二つのタイプの人が恋愛関係に陥ったらどうなると思いますか。好きな人ができれば「自分から近づく人」と、一度親しい関係になると「しがみついてしまう人」です。「自分の欲望で動く人」と、「不安で動く人」です。

「欲望で動く人」は、相手との距離があんまり近すぎて息苦しいときは、一人になりたいとか、好きなことをする時間がほしいと考えます。相手とそこそこの距離を置きたい気持ちになるのです。これはべつに、心が冷めるとか、嫌いになるということではありません。距離を置く時間があったほうが、いい関係を保てると思うからです。

でも、**「不安で動く人」は相手のそういう気持ちを理解できません。**

少しでも離れる素振りを見せられると、「わたしから逃げようとしている」「オレを捨てようとしている」という不安に襲われ、いてもたってもいられない気持ちになります。だからしがみついてしまうのです。

そうなると逆に、欲望で動く人は相手から逃げ出したくなります。この時点で、気持ちが離れてしまうのです。

つまり、「一人になりたい」とか「少し自由な時間がほしい」と思ったときに、その気持ちをわかってくれる相手なら何も問題はなかったかもしれないのです。**おたがいに距離を置く時間があれば、長所も短所も含めて相手を見つめることができます。すると、「やっぱりあの人はわたしにとって大切な人」と気がつくこと**もあります。

ところが、しがみつかれることで苦痛を感じてしまうと、相手の嫌なところが次第に目につくようになってしまうのです。

独占欲が大切な恋を壊してしまう

人間のふつうの心理として、好きな人には近づきたいと思うし、嫌いな人からは離れたいと思います。好きな人とは親しくなって、その人のことをもっと知りたいと願うし、嫌いな人とは距離を置くことで、なるべく感情を乱されないようにしようと考えます。距離を置けば、相手の嫌なところを見なくて済むからです。

ところが、**しがみつかないと不安になる人は、自分から離れようとする相手に対してしだいに憎しみの感情を持ってしまいます。**

「わたしを捨てて自分だけ幸せになるなんて、許せない」という憎しみです。「そうはさせない」という憎悪の感情に満たされながら、相手につきまとうようになります。今度は、不安ではなく、憎しみに満たされてしがみつくのです。

決して十分ではありませんが、こういった説明でストーカーの心理の概要はつかめると思います。

ここでみなさんに気がついてほしいのは、最初から不幸な恋愛ではなかったということです。

不安でしがみつくタイプの人間は、相手を好きになれば熱烈な愛し方をします。好きな人から情熱的に愛されたら、誰でも幸福感に包まれるでしょう。周りも羨《うらや》むほどの幸せなカップルに見えた時期もあったのです。

ただ、それがいつまでも続くことはありません。少しでも離れる素振りを見せればしがみつくような愛し方は、相手にとって重荷になるからです。

最初のうちはともかく、片方の独占欲が強すぎる恋愛は、もう片方にとって逃げ出したいものになってくるのです。

ほとんどの恋愛や、あるいは結婚生活でも、アツアツの時期が過ぎておたがいにちょうどいい距離を保つようになったとき、安定してきます。恋愛の場合でしたら、相手のいいところ、悪いところも含めて受け入れる気持ちになり、「この人とならやっていける」と決心がつけば結婚に踏み切れます。

けれども、片方の独占欲が強すぎる恋愛は、安定した関係、持続する関係になる前に破綻するケースが多いのです。

好きならその人を「見守る時間」を大切に！

他人との距離のとり方は、人によってずいぶん違います。

とくに誰かを好きになったり、関心を持ったときの距離のとり方です。

真っ直ぐ近づくタイプの人がいます。

じれったいぐらいに少しずつ近づく人がいます。

態度や行動にはなかなか表せなくて、いつまでも一定の距離を保つ人がいます。

中には、自分の好意や関心が相手に知られることを恐れる人だっていますね。

こういうことはその人の性格にもよりますから、ほんとうに人それぞれです。どれがいいとか、悪いという問題ではありません。

でも一つだけいえることは、**一気に距離を詰める人より、ゆっくり詰める人のほうがいい関係を長く続けられるということです。**一気に距離を詰める人は、熱しやすく冷めやすいところがありますから、好きになれば相手の何もかもが好きになりますが、嫌いになれば逆に何もかもが嫌いになってしまいます。

そういう対人関係というのは、どうしても好き嫌いの感情に左右されます。

相手の全体を見つめることができないので、「あの人は敵」「あの人は味方」の二分割思考的な人間関係になりやすいのです。

ゆっくり距離を詰める人は、相手の全体を見つめることができます。

たとえ一目惚れしても、相手を見守る時間があればその人のいいところをいくつも見つけることができます。容姿や雰囲気だけでなく、「彼女は人によって態度を変えたりすることはないんだ」とか、「わりとはっきり自分の考えを口にするんだ」といった、「この人はやっぱり素敵だな」という気持ちを少しずつ膨らませていきます。

短所も許す気持ちになるでしょう。

「怒りっぽいけど、カラッとしている」とか、「ああ見えてデリケートだから、わりと落ち込みやすいんだ」とか、その人のいろいろな面が見えてきて、「でも素敵だな」という気持ちがやっぱり膨らんでくるのです。**そういう時間は大切**だと思います。

恋愛がうまくいくか、いかないかということより、**相手を見守る時間がその人を好きになる気持ちや、ほんとうの愛情を育てていく**ような気がします。

自然に遠のく人間関係は、むしろふつうです

ここからは、恋愛ではなく友情を含めて一般的な人間関係について考えます。

人はほどよく離れたほうがわかり合えるということの本のテーマは、さまざまな人間関係にも当てはまるからです。

誰かと親しくなっても、その関係がいつまでも続くということはありません。親しい時期もあれば、わりと疎遠になる時期もあります。「あの人とは一時期、頻繁に会っていたけど、最近はあんまり会うこともなくなったなあ」という相手が、おそらくどんな人にも

いると思います。

べつにケンカしたとか、気まずくなったというわけではありません。おたがいに仕事があり、私生活があり、それぞれの変化が人間関係にも表れてくるというだけのことです。

でも、そういう自然に疎遠になる関係は、ちょっとしたきっかけでまた距離が縮まることがあります。たとえば同じ職場部署にいたころには親しかった二人が、異動になり、なんとなく疎遠になって、数年後に、社内のセミナーか何かで偶然、顔を合わせるようなケースです。

「久しぶりだなあ」とか「元気でやってるみたいだね」といったやり取りがあって、「少し飲もうか」と誘い合います。そういうときは話が尽きませんね。愉快な時間があっという間に過ぎていくはずです。

つまり、**自然に遠のく人間関係というのは、じつはとてもいい感じの人間関係でもあるのです。**会いたくなったら、おたがいにいつでも連絡し合えるというのは、どんなに離れていても温かいつき合いになるからです。

相手を嫌いになったり、憎んだりして別れる人は、こういういい感じのつき合いができません。時間が経って顔を合わせることがあっても、たちまち以前の悪い感情が甦《よみが》えってきますから、その場ではたとえにこやかにしていてもどこかよそよそしい態度になってしまいます。まして近くにいる相手なら、目を合わせないとか顔を逸《そ》らすとか、刺々《とげとげ》しい態度になるでしょう。距離は近くても冷たいつき合いしかできません。悪い感情が解消されないからです。

「去るもの追わず」ができる人・できない人

その人があなたから離れていくというのは、べつに嫌いになったからではありません。いま説明したような、自然に疎遠になる人間関係はいくらでもあります。仕事が忙しくなったり、家庭環境が変化したり、あるいは趣味や勉強に時間を割くようになったり、とにかくその人の事情があって離れていきます。

もちろん、もっと親しい人ができたとか、恋愛の場合には誰かほかに好きな人ができたという理由もあるでしょう。

けれども、あなたが嫌いになったわけではありません。かつてのような関心や愛情は薄れてきたかもしれませんが、嫌うところまではいってないのです。


ここでもし、離れていく相手を引き止めようとすればどうなるでしょうか。

「このごろ、つき合い悪いじゃないか」とか、「そんなに仕事が大事なのか」といった無神経な言葉をかければ、相手はなんだか嫌な気分になるはずです。「一方的だな」と思うし、「めんどうな人だ」という気になるでしょう。引き止めたことで、相手はスッパリ縁を切る気持ちになってしまいます。

恋愛の場合も同じです。

「最近、わたしを避けてない?」とか、「嫌いになったんじゃないか」といった言葉をかけてしまうと、相手はそれまで感じなかった息苦しさを急に意識するようになります。口では「そんなことないよ」と答えても、内心では「そろそろ終わりにしようかな」と思うことさえあります。

そこでさらに「絶対、別れないからね」といった強くしがみつくような言葉が出てくると、「もう別れたほうがいい」と離れる決心がついてしまいます。ここから先はいままで説明したのと同じです。あなたが引き止めたことで、ものすごく嫌な終わり方になってしまうのです。

「去るもの追わず」は誰でも知っている言葉ですが、**人間関係の機微をついている**のはたしかです。**それができる人は、誰かと離れてもおたがいにいい印象を持ち合うし、それができない人には憎悪の感情や苦《にが》みだけが残される**のです。

離合集散は人間社会の常です

これはわたしの考えですが、いまの世の中の人が疎外感を持ちやすくなっているというのは、**人とつながっていないと不安になる人間がそれだけ増えている**ということです。

一人になることや、他人と一定の距離を置くことに慣れている人は、そのことでべつに不安にはならないし、寂しさも感じないはずです。

「誰かに会いたくなったら、部屋を出ればいいんだ」と考えるからです。


ところが、友だちがいないことに不安感を持ったり、誰かといつもくっついていたいと思う人は、相手が自分から離れる素振りを見せると、それだけで疎外感を持ってしまいます。「わたしはのけ者にされている」とか「一人になってしまう」と考えるのです。

数人で集まって飲んだり食べたり楽しい時間をすごしているときでも、誰かが「さあ、帰らなくちゃ」と言って席を立つと、「まだいいじゃないか」と引き止める人がいますね。

でもほかの人も「そうだな、そろそろ帰ろう」と言って立ち上がると「えーっ、みんな帰っちゃうの？　もうちょっといいじゃないか」と言いだすような人です。

そのときが、じつは雰囲気としては切り上げどきなのですが、「もうちょっと」と懇願するタイプの人は、自分だけが取り残されるように錯覚してしまいます。

みんなそれぞれ、一人の時間に帰っていくだけだということに気がつかないのです。人は集まったり、散ったりするものだという当たり前のことに気がつかないのです。

したがって、疎外感を持ちやすい人間同士がつながってしまうと、エンドレスになります。集まったときでも、もう話すこともないのに、いつまでもその場所に居続けたり、別れた後でもメールやラインでつながり続けようとします。

一対一の関係でも同じで、相手からのメールが少しでも遅れたり途絶えたりすると、一人にされてしまう不安に襲われます。どうしても、**依存し合う関係**になってしまうのです。

「いろいろな人を好きになる」ことから始めましょう

わたし自身は、すでに書いたようにベタベタした関係は苦手です。

相手が男性でも女性でも、たまに連絡を取ってゆっくりつき合う人が多いし、そういう人とはいいつき合いが長く続くからです。

でも、人を好きになることはわりと多い人間だと思っています。これはべつに矛盾していません。

「この人はいいな」とか、「この人とのつき合いは大事にしたい」と思うことが多いから、逆に一人の人間とベタベタした関係にはならないのです。

そういう意味では、わたしは自分の欲望で動くタイプということになります。

そこで、もしあなたが自分のことを「くっつきやすいタイプ」だとか、特定の人間と距離を詰めたがるタイプだという自覚があるようでしたら、いろんな人を好きになることから始めてみてください。

たとえばどんなにAさんのことが気になっても、「Bさんはこういうところが素敵だ」とか「Cさんってよく見ればチャーミングだ」とか、「Dさんは明るくて話しているだけで楽しい」とか、Aさん以外の人を好きになってみることです。

こういうのは、べつに浮気性でもなんでもありません。

周囲を見渡せば、それぞれ魅力ある人がたくさんいるのですから、そういう人たちの存在に気がつくだけでいいのです。それによって、Aさんへの執着が薄れます。かりにAさんのことが嫌いだから気になるという場合でも、周囲に好きな人が何人もいれば、Aさんのことなんかどうでもよくなってしまいます。

他人と心理的にほどよい距離を取れる人は、冷淡とか気むずかしいとか、そういうことではありません。

「特定の人間とくっつきすぎない」ということができるのは周りに好きだと思える人がたくさんいるからです。いろんな人が好きだから、一人に執着しないで済むのです。

「好かれたい」気持ちが、異常接近になっていませんか？

もう一つ言えるのは、好きな人が多いと、その人に好かれようとしなくて済むということです。

「あの人もこの人も素敵だ」と思えば目移りします。

けれども、仕事も生活もきちんとやろうと思えば目移りしているヒマはありません。そのときそのときで、向き合っている好きな人と充実した時間をすごせればいいのです。

「今日はこの仕事であの人と会う」

「今日はあの会社の担当者と久しぶりに話ができる」

「今晩はあの飲み屋のママさんの素敵な笑顔に出会える」（こういう気持ちは男性でも女性でも持てるはずです）

そんな調子で、周囲に好きな人ができてくると、その誰とでもほどよい距離を保ちながら長くつき合うことができます。一人にだけ執着することはなくなるでしょう。

一人にだけ執着すると、どうしてもその人に「好かれたい」と願います。

それもかなり本気で願います。「どうすれば好かれるか」「どうすれば気に入ってもらえるか」と考え、お世辞を言ったり尽くしたり、話を合わせたりサービスしたりします。

けれども、どんなに気を遣っても好かれるとはかぎりません。

相手は「ウザイ」と感じて敬遠するかもしれません。

すると今度は、憎んだり恨んだりします。ここまでに何度も書いてきたことが繰り返されるのです。近づきすぎて最後は憎んでしまいます。

その点、**いろんな人を好きになると人間関係に動きが出てきます**。

たまに誰かとうまくいかなかったとしても、「ま、しょうがないか」で終わってしまいます。その人に執着して恨んだり憎んだりすることはないはずです。

この章は、おたがいに不幸になってしまう関係に陥らないために、他人にしがみつかない生き方をしましょうという視点で書いてみました。

精神分析や臨床心理の専門的なことにはふれていませんが、わたしなりに心理的な距離の取り方の大切さを説明してみました。

特定の人に好かれることより、たくさんの人を好きになる生き方。

その大切さに気づいていただけましたか。

恋愛・友情の距離

1 独占欲を持つと恋は壊れる

2 不安でくっつくとしがみついてしまう

3 一人もいい、誰かと一緒もいいという気楽さを持とう

4 好きな人を離れて「見守る時間」を持つことが肝心

5 自然に疎遠になる関係ならば、すんなり受け入れる

6 離れていく人は引き止めないこと

7 一人より、いろいろな人を好きになろう

第4章

人と人、少し離れると素顔が見えてきます

近づきすぎてクタクタになる関係

わたしの2作目の映画、『「わたし」の人生《みち》』は介護をテーマにしています。元大学教授の肩書きを持つ父親が認知症になって痴漢や万引を繰り返し、その介護に疲れ果てた娘が主人公ですが、彼女は施設に入った自分の父親が大勢の聴衆の前で立派に講義を続ける姿を見て感激します。

家にいて、そばで介護しているときの父親は「どうしてこんなになってしまったんだろう」と怒りが湧いてくるほど、情けない姿です。

当然、感情的になってぶつかることもあります。

けれども、施設にあずかってもらうようになると、その時間だけでも離れることができます。すると、気持ちが落ち着いてくるのです。

気持ちが落ち着いてきて、少し距離を置いて父親を見つめられるようになると、「まだ、こんなことができるんだ」とか、「穏やかなときは、昔と同じでやさしい人なんだなあ」といったことに気づいてくるのです。

この映画の中で、父親の主治医が娘に語る言葉があります。

「家でいつも向かい合って看《み》ていると、相手のいいところが見えなくなってしまうんです」

介護は精神的にも肉体的にもつらい作業です。

まして親の介護ともなれば、生々しい感情がどうしてもぶつかり合ってしまいます。怒りや絶望感も生まれるし、「でもわたしが看なくちゃいけない」という義務感もありますから、ますます行き詰まってしまいます。

そうなると、相手のいいところはまったく見えなくなります。ここまでにも説明してきましたが、**近づきすぎる関係というのは、一つでも相手の嫌なところが見えるとそれがどんどん大きくなってしまうのです。**「あれも嫌、これも嫌」で嫌悪感だけが膨らんでしまいます。

でもその**原因は、相手と密着しすぎ、ふり回されてクタクタになるから**です。

ほんの少しの時間、ほんの少しの距離が生まれるだけで、いままで見えなかった相手のいいところがいくつも見えてきます。「見えない」のは、ただ疲れていただけなのです。

少し離れることで「やさしい気持ち」が取り戻せます

最初の章で、「とらわれ」についてふれました。

森田療法では、親子関係や家族関係のように距離が近い、離れられないという関係は、おたがいにどうしても相手に気を遣いすぎるようになる、と説明するのですが、それが親の介護となってくると深刻です。

「とらわれ」はもちろん続きます。子どものほうは「わたしがやらなくちゃ」と思い込み、親のほうは「迷惑かけたくない」と思います。

周りの人が「そんなにがんばらなくてもいいのに」と声をかけても、とらわれてしまうと聞く耳を持ちません。「デイサービスとか、ショートステイとか頼めばいいのに」と言われても、「まだ大丈夫」とがんばってしまいます。

でも、自分がイライラしていることや、実際に親にぶつかってしまうことで「限界かな」と思うときがきます。「これ以上ムリをすると、わたしは親にひどいことをやってしまいそうだ」と気がつくのです。

実際、親の介護のために会社を辞めたり、あるいは仕事に支障が出るようになると、子どもは自分の人生を台無しにされたように感じます。最初はどんなに献身的な気持ちや、親への愛情があったとしても、**近すぎる関係が長く続くとそれが憎悪の感情や被害の感情に変わってしまうことも珍しくない**のです。

そういうとき、いちばんの救いとなるのが「離れる」ことです。

週に二、三日でもいいからデイサービスを利用したり、月に数日だけのショートステイを利用して離れる時間をつくると、気持ちはずいぶん穏やかになります。一人の時間を持つなんて久しぶり、好きなことのできる時間があるなんて幸せという気持ちになります。たとえ溜まっている用事を片づけるだけで一日がすぎたとしても、心も体も伸び伸びしてくるはずです。

そして、元気そうな様子で戻ってきた親を見ると、「わたしが一人でがんばらなくてもいいんだ」と気がつきます。「いままで、ちょっと意地を張りすぎたかな」と感じるでしょう。**ほんの少しの時間、離れただけで、しばらく忘れていたやさしい気持ちを取り戻すことができるのです。**

離れてみれば、「あんな笑顔があるんだ」と驚きます

いま、介護する側の気持ちについて考えましたが、される側にも同じことが言えます。「申し訳ない」とか「わたしのせいで」といった気持ちになる親がいます。当然、介護する人の前では萎縮してしまいます。

不機嫌そうに黙り込む親もいます。子どもが疲れてイライラする様子を見せれば、親のほうだってどう応じていいかわからなくなります。

どちらの場合も、笑顔はめったに浮かべません。

感情を抑え込んでムッツリしていることが多くなります。むしろ、子どもに対して怒りをぶつける親だっているでしょう。「わたしだって好きでこうなったんじゃない！」という気持ちです。

ところがそういう親でも、**やはり離れることで救われることが多い**のです。介護施設には自分と同じような境遇、症状で、しかも同世代の人間がたくさんいます。家の中で子どもに気を遣ってすごすよりはるかに解放感が味わえます。

他人と話すなんて久しぶりです。誰かに自分の気持ちを打ち明けるとか、同じような悩みを持つ人の話を聞くとか、そういう時間をすごすのも久しぶりです。

「世の中にはいろいろな人がいるなあ」とか「わたしなんかまだいいほうだ」「この人はわたしより歳は上なのにずいぶん若く見える」というように、外の世界に目を向けるようにもなります。

しかも世話をしてくれるのは介護のプロです。笑顔を浮かべて朗らかに接してくれます。こちらの話も一所懸命に聞いてくれます。子どもには話せないグチや不満にもつき合ってくれます。気分が晴れてくるのも当然なのです。

ほとんどの介護施設では、リハビリも兼ねて利用者に軽い運動をさせたり、ゲームや手芸を楽しませたりしますから、家ではムッツリしている親でも表情が明るくなってきます。すると、迎えに来た子どもはそういう親の様子に驚きます。「あんなことができるんだ」とか、「あんな楽しそうな顔、久しぶりに見た」と嬉しくなるのです。

不満が「ふくらむ距離」と「消える距離」がある

わたしたちは自分と近い距離にいる人間に対して、どうしても不満を感じることが多くなります。

「これぐらいのことがなぜできないんだろう」とか、「何度言えばわかるんだろう」といった不満です。**気になること、我慢できないことがあれば、そこだけに目がいってしまい、余計に不満がふくらんできます。**

これは、介護にかぎった話ではありません。

親子でも夫婦でも、あるいは上司と部下といった職場の人間関係でも起こります。たとえば子育て中の母親は子どもが食事をこぼすとか、ダラダラと時間をかけて食べるといったことを気にします。

「こぼさないで食べなさい」「さっさと食べなさい」といつも叱りますが、なかなか直りません。

直らないから余計に気になって、「またこぼしてる」とか「またダラダラしている」と叱ります。そうなると、「どうしてできないんだろう」「何度言えばわかるんだろう」という不満がふくらむ一方になります。

ところが、そういう不満を夫にぶつけてもわかってもらえません。

「それくらい、いいじゃないか」とか、「そのうち直るよ」「気にしすぎだよ」と聞き流されてしまいます。

「美味しそうに食べてくれるんだもの、いい子じゃないか」と逆にほめることだってあります。いったいどっちが「正しい」のでしょうか。

言うまでもないことですが、こういうケース、どっちが正しいとか間違っているという問題ではありませんね。**ただ単に、母親のほうが子どもへの不満をふくらませやすい「距離」にいて、父親は不満を感じない「距離」にいるというだけのこと**です。

父親の受け止め方だって一つの解釈です。どんなにお行儀よく食べても、食が細かったり好き嫌いが多かったり、嫌々食べるような子どもだったら母親もやっぱり不満を持つはずです。「せっかくつくったのに、どうして美味しそうに食べてくれないんだろう」という不満が出てきます。

だとすれば、父親が言うように、美味しそうに食べてくれるんだから「いい子だな」と気がつくこともできるはずなのです。

離れたほうが全体が見えて、「正しい判断」ができます

ここまでの話のように、少し離れることで相手の「いいところ」がわかったり、いままで気づかなかったものに気づいたりするというのは、こちらに気持ちの余裕が生まれて感情も穏やかになるからですが、それだけではありません。

もっと物理的というか、単純な理由があります。

距離を置けば、背景も含めて相手の全体像が見えてくるのです。その人だけを見ていたところよりも、他人と比べたり、前後の流れがわかってくることで、冷静な判断ができるようになります。

たとえばあなたがAさんとぶつかって感情的になり、「こんなひどい人はいない」と思い込んだとします。けれども、そういうあなたとAさんのやり取りを、離れたところから

見ている人はどう思うでしょうか？

「たしかにAさんも無神経だけど、彼女もあんなにきつい言葉で責めなくてもいいのに」と思うでしょう。感情的になっている二人を見れば、周囲は「どっちもどっちだな」と思うことが多いのです。

子どもの食事の仕方が気になるお母さんだって、ほかのお母さんからみれば「あれくらい、うちの子だってやってしまう。あんなにガミガミ叱らなくてもいいのに」と思うかもしれません。

そして、本人も距離を置いて子どもを見ることで、全体の様子がわかってきます。たとえば学校の給食を見学すると、「うちの子はまだお行儀がいいほうだ」とか、「美味しそうに食べる子って、やっぱりいいな」と思うでしょう。あるいは「トレイのような食器ならこぼさないんだ」とか、「フォークは大きめのほうが食べやすそうだな」といったことに気がつくかもしれません。

いずれにしても言えることがあります。**離れたほうがまともな判断ができるのです。**

第三者になれば、コンテクスト（背景と文脈）が読めてくる

距離が近づいてしまう関係というのは、わたし（精神科医）と患者さんにも当てはまります。とくにカウンセリングの場合、医者は患者さんの気持ちに寄り添うように接しますし、患者さんも医者に対して心を許せば自分の気持ちをどんどんぶつけてきますから、治療中にかぎって言えばこれほど距離の近い関係も珍しいのです。

その結果、こちらが患者さんに過度な同情をしたり、あるいは症状のひどい患者さんの言い方にゾッとしたり、つい否定的な言葉を吐いてしまうこともあります。やってはいけないとわかっていても、感情にふり回されてしまうときがあるのです。

もちろん後悔します。

医者として、まだまだ経験不足、勉強不足だなと反省します。こういうことは、たぶんこれからも続くと思います。生身の人間と距離を詰めてわかり合おうとすれば、どうして

も冷静ではなくなるときがあるからです。

ところが、大学院生の実習を指導するときには、すごく的確なアドバイスができます。「こんなひどいことを言われました」とか、「こんなやり取りになってしまいました」という報告を受けると、「こういう話しかけをしましたか？」と具体的な言葉が出てきて、自分の目の前に患者さんがいるときより断然、いいアドバイスができるのです。

指導のときは、目の前に患者さんはいません。

わたしは院生の報告を聞くだけで、その患者さんと向き合っているわけではありませんが、そのかわり、院生と患者さんのやり取りの様子を思い浮かべることができます。患者さんが何を話したり訴えたりしたのかを聞き、それに対して院生がどう応じたかを聞きますから、二人を俯瞰《ふかん》的に見つめることができます。

すると、**会話の流れとか、どこで気持ちが食い違ったかとか、そういったコンテクスト（背景と文脈）を考える余裕が生まれてくる**のです。

このことを、他人と離れることの大切さと結びつけて考えてみましょう。

「根に持つタイプ」は会話の断片にこだわりやすい

誰かとくっつきすぎて、最後は怒りや憎しみ、嫌悪の感情にとらわれてしまう人は、別れたあとでも「あの人は許せない」とか「あの言葉だけは許すわけにいかない」と思い続けます。

もちろん、そういった怒りや憎しみも時間が経てば薄れてくるのですが、職場のように**ふだんから身近な人間関係の場合は、悪感情がしこりのように残っていますからなにかの弾みですぐにぶり返してしまいます。**

そういう場合にも、「この人はわたしにひどいことを言ったんだ」とか、「あのときの悔しさはまだ忘れていない」といったこだわり方をしてしまいます。

つまり、**いつまでも断片にこだわり続ける**のです。いわゆる「根に持つタイプ」にはそういうところがあります。

ここで問題になってくるのは、そういう根に持つタイプが**こだわり続ける断片は、ほんとうのことなのかということ**です。

本人はもちろん、そう思い込んでいます。

「だってそう言ったじゃないか」とか、「わたしが傷ついたのは間違いない」とか、その断片に関しては絶対に正しいと思い込んでいます。

でも、その断片が導いた背景や文脈、つまりそのときの状況や前後の言葉のやり取りを考えていけば、どんな答えが出てくるでしょうか。たしかにひどいことを言ったり言われたり、傷つけたり傷つけられたりしたのは事実かもしれませんが、**流れの全体を見渡せば「あれは仕方なかったかな」とか、「つい弾みで出てしまった言葉だな」ということに気がつくこともあるはずです。**

ちょうど週刊誌の見出しみたいなもので、ショッキングな言葉が躍っていると「えー?」と驚きますが、記事を読んでみると「なあんだ」とバカバカしくなります。

そのバカバカしい断片にふり回されているのが、相手とくっつきすぎる人なのです。

「自分を客観視できない」と人として成長しません

一流のスポーツ選手は、自分が体を動かしているその最中に、自分自身をまるでモニターの映像を見るように客観視できるといいます。

たとえばサッカー選手なら、ドリブルしながら相手ゴールに迫っていくときに、頭の中には競技場のてっぺんに取りつけられたカメラから自分の動きを捉えた映像が浮かんでいるようなことです。

当然、うしろを見なくてもどこにパスを出せばチームメイトにつながるかわかっています。名選手を評して「まるで背中に目があるようだ」とよくいいますが、背中どころか上空に目があるのですから、前後左右、敵も味方も含めてすべての動きが見えています。

体操の選手は空中で回転したりひねったりする自分の動きが、やはりモニターで見るように見えています。スキーのジャンプ選手も、飛翔中の自分の姿勢が見えています。

こういった話をすると、「それはとくべつな人間だけに与えられた能力だ」と反論する人がいるかもしれませんが、じつは人間の脳には、こういった「幽体離脱」の回路がどんな人にでも組み込まれているのだそうです。

脳研究者の池谷裕二《いけがや》さん（東京大学大学院薬学系研究科教授）は、著書の中でこの幽体離脱を説明しています。人間の脳には頭頂葉と後頭葉の境目に角回《かくかい》と呼ばれる部位があって、そこを刺激すると「自分の体が2メートルぐらい浮き上がって、天井の下からベッドに寝ている自分が見える」（『単純な脳、複雑な「私」』より）のだそうです。

ただし、そういう現象が日常生活の中で実際に起こる可能性はきわめて低いのです。

ではなぜ、人間の脳にはそんな回路が隠されているのでしょうか？

池谷教授は非常に魅惑的な答えを示してくれます。それは、「他人の視点から自分を眺められないと、人間的に成長できない」というものです。

つまり**自分自身にくっつきすぎないで、突き放して客観的に自分を見つめることで、わたしたちはほんとうの意味で成長していく**のです。

本人より周りのほうが、よく見えています

「傍目八目《おかめはちもく》」という言葉があります。これは囲碁に例えた言葉です。

囲碁を打っている本人は、つぎの一手をどう打てばいいのか必死に考えます。相手も当然、考えます。本人たちは先の先を読んでいるつもりです。

ところが「傍目」、つまり周りで見物している第三者のほうが、はるかに先の展開を読めるのです。それが「八目」、つまり八手分は先を読めるということです。

こういうことは将棋でも当てはまりますね。

自分がやってみると目先の一手、有利な一手だけを考えて、「つぎはこう指せばいい」と思い込み、それでとんでもないポカをやってしまいます。相手の仕掛けた罠《わな》にまんまと嵌《はま》ってしまうのです。

ところが横で見ている人にはすべてわかっています。

「バカだなあ、そんなことしたら相手の思う壺じゃないか」とか、「守りを固めるより、一気に攻めなければ詰んでしまうじゃないか」ということがわかるのです。同じ程度の腕前でも、自分がやるより見ているときのほうがわかってしまうのです。

人間関係も同じです。

相手とくっつきすぎてしまうと、その人しか見えなくなります。

嫌なところがどんどん気になってきたり、逆に「離れたくない」「捨てられたくない」としがみついたりします。

本人はそういう自分の感情や態度になんの疑問も感じません。

でも離れて見ている人にはいろいろなことがわかっています。

「あそこまで嫌わなくても、適当に相手していればいいのに」とか、「バカだな、あんなにベタベタしたら余計に嫌がられるじゃないか」と気がつくのです。

本人だって、**距離を置いて眺める人間関係なら冷静に見つめることができます。**「わたしだったらあんなことは言わない」とか、「わたしだったら嫌がる相手を追いかけたりしない」とか、本気で考えるはずなのです。これも傍目八目だと思ってください。

家族も会社も近い人ほど感情がぶつかる!

現実問題として、近い距離にならざるを得ない人間関係があります。

職場がそうですし、家族がそうです。

苦手な上司や嫌いな同僚と顔を突き合わせなければいけないときがあります。親子でも夫婦でも、感情的になってぶつかり合うことはいくらでもあります。

頭では理解していても、当事者になってしまうと感情にふり回されたり、思い込みが激しくなってしまうのがわたしたちです。そういう最中に、傍目八目はむずかしいですね。

けれども、**あとになって考えることはできます。**

自分のそのときの感情や態度をふり返ってみて、「たしかにわたしの言い方もきつすぎたかな」とか「あそこで彼女が怒るのもムリはないな」といったことに気がつくだけでも、**自分を客観視できたことになります。**

「今度から気をつけよう」とか、「あの人の前ではとくに注意しよう」と言い聞かせるだけでも、一定の効果はあります。

なぜなら、同じような場面を迎えて同じように感情にふり回されたときに、「いけない、またイライラしている」とか「ほらほら、嫌がる相手をムリに誘っているぞ」と気がつくようになるからです。

そういうときは、自分に距離を置いて見つめています。

自分自身を外から観察していることにもなります。

「わたしってどうしてこうなんだろう」という反省は、たいていの人が経験していると思いますが、それは自分から離れることができるという証拠でもあるのです。

ですから、あなたが他人のように自分自身を見つめることは可能です。

「離れること」と「傍観者になること」は違います

この章では相手との距離、そして自分との距離について考えてみました。相手に対してくっつきすぎたり、自分にこだわりすぎることでさまざまなものや素顔が見えなくなるし、感情や思い込みにふり回されることが多いという話でしたが、一つだけつけ加えたいことがあります。

心理的な距離を取りすぎてはいけないということです。

どういう相手に対しても、つねに一定の距離を置いて向き合えば、ベタベタすることもないし傷つけ合うこともありません。

自分自身に対しても距離を置いて見つめられる人は、沈着冷静な判断ができるかもしれません。でも、それでは人間として冷たくなります。頭は良さそうに見えるかもしれませんが、魅力は感じられません。評論家タイプとか、傍観者的な印象になってしまいます。

だからわたしは、くっつくときにはくっついていいし、ときに感情を表して相手にぶつかってもいいし、あるいは「人にどう思われようが構わない」という自分自身への思い入れも必要だと思っています。

そのかわり、**くっつきすぎないように、ときどきは相手や自分に対して距離を置くということ**です。これは**自分を修正しながら生きていくということ**です。

対人関係の何もかもを変えようとするのでなく、変えられるところ、改めたいところを少しずつ修正しながら、心理的にほどよい距離を保って生きていくということです。

これなら、意識すればきっとあなたにもできるはずです。

その人との関係が息苦しくなったとき、あるいは自分の怒りや不満が大きくなりすぎたとき、「ちょっと離れてみよう」とか「ちょっと状況を見直してみよう」とか「ほかの世界を覗いてみよう」とかいった気持ちになればいいのです。

それによって思い当たることがあったら、自分を修正すればいいのです。人間が成長するって、そういうことのような気がします。

ほどよい距離をつくる7か条

人と少し離れるメリット

1. 少し離れれば、その人のいいところが見えてくる
2. 尽くしてもいいが、犠牲になってはいけない
3. 自分のつき合い方を第三者の目線で眺めること
4. 人間の脳には「自分を客観視できる回路」がある
5. 起きてしまったことの「断片」にふり回されない
6. くっつくときにはくっつき、離れるときには離れる
7. 対人関係は少しずつ修正すること

第5章

ゆるやかで自由な関係ですべてがうまくいく

近づきすぎるとやがて「利害関係」が生まれてくる

最初に少しだけ嫌な話をします。

誰かと濃密なつき合いを続けていると、ときどき気が重くなってくるのは、そこに「利害関係」が生まれるせいかもしれません。

「あの人とは最近、週末ごとに会っている。これ以上、時間を取られたらやってられない」

ふと、そう気がつくような場合です。

お互いが会っているのに、自分の時間がとられていると感じられ、なんだか自分だけが損しているような気分になります。「彼はヒマだからいいかもしれないけど、わたしはやることがあるんだ」とだんだん腹が立ってきます。

「わたしは彼女にずいぶん美味しいお店を紹介したけど、彼女はどこも教えてくれない」

「会うのはいつも彼女の都合に合わせている。わたしだっていろいろ都合があるのに」

そういう不満も、**近づきすぎることでいつの間にか「利害関係」が生まれてしまったことが原因**でしょう。


それから図々しくなってきます。

「もう長いつき合いなんだから、困っているときぐらいお金を貸してくれてもいいだろう」とか、「彼はわたしより営業成績がいい。彼の見込み客を一人くらい紹介してくれてもいいだろう」といった、相手の善意を当て込んで、自分を利する気持ちまで生まれてくることがあります。

相手がこうなってくると、先は見えていますね。

こちらの要求に応じてくれないと、相手を恨んで縁が切れます。すべて、近づきすぎたつき合い方が原因なのですが、距離の近い関係というのはどうしても心理的・物理的な「利害関係」が生まれやすいのは事実です。

職場の同僚だって、「あれだけ相談に乗ってやったのに、上司には自分で解決したような報告をしている」とか、「彼女が忙しいときには手を貸しているのに、わたしが忙しいときには知らん顔だ」といった損得の感情が生まれてくるのは珍しくありません。

その点、**ほどよく離れた関係はおたがいを束縛することもないし、過度に頼り合うこともありません。**いつ会っても、伸び伸びした気持ちで向き合えるから関係が長く続くのでしょう。

特定の上司との「いい関係」は得策でない！

仕事の世界でも、誰かとくっつくのは処世術として稚拙すぎるというのがあります。

たとえば特定の上司とくっつくビジネスパーソンです。

「Aさんは課長のお気に入りだから」とか、「Aさんの前で課長の悪口は言えない」といったような関係になると、本人はそれで満足していても周囲は入り込めなくなります。たとえばAさんが「課長と飲むからつき合ってよ」と言ってきても遠慮します。みんなが集まる飲み会でも、課長の隣にAさんが座っていれば誰も近づきません。

かりにほかの部署の上司がAさんの能力を認めても、直属の課長に遠慮して頼みたい仕事があっても声をかけません。

そのかわり、Aさんは課長の右腕として大事な仕事を任されるでしょう。

必然的に濃密な関係になってしまいます。誰も入り込まなければおたがいに頼り合うしかなくなります。こういう関係に、果たして部下はどこまで耐えられるかということです。おそらく上司は、自分が苦しいときほどこの部下を頼りにするはずです。

「キミしかいない」とか、「キミが引っ張ってくれ」「キミが率先して動いてくれ」といった調子で、どんどんこの部下にプレッシャーをかけてきます。

そのことを「よし、がんばるぞ」と意気に感じているうちはいいのですが、よく考えてみればなんの見返りもありません。べつに給料が増えるわけでもないし、ボーナスが同僚の倍になるわけでもありません。将来とりたててくれる確証もないのです。

むしろ仕事量が増え、サービス残業が増え、仲間からは「せいぜいがんばってくれ」といった目で見られるだけです。「なんでオレだけが」という不満がだんだん強まってきて当然なのです。

しかも、社内的によほど力のある上司ならともかく、並の評価しかされていない上司であればポストもそのままですから、部下を引っ張り上げることもできません。

結局、「オレはこの人にいいように使われているだけだ」と気がつき、そこで上司から距離を置くようになります。そうなれば、今度は手のひらを返したようにこの部下を冷淡に扱うのがこういうタイプの上司なのです。

上司の代弁者と思われれば大切なチャンスが逃げていく

社内的にフリーの人間は、そのときの仕事や作業に応じていろいろな人間と組むことができます。しかも相手も、自分の意見や判断を気楽にぶつけることができます。

ところが、誰かとくっついている人間に対してはうっかりしたことが言えなくなります。「この人はA部長の息がかかっているから」とか、「この人は常務の系列だから」と思うと、何か言いたくてもつい、遠慮します。自分の意見がA部長や常務の耳に入ることを懸念するからです。

たとえばプロジェクトのように組織を横断するチームがつくられたときでも、特定の上司とくっついているメンバーはなんとなく浮いてしまいます。その人間の発言の背後に上司の存在を感じてしまうからです。

実際には自分の意見だとしても、「きっとA部長の意向なんだろうな」と思われてしまいます。ほかのメンバーのプランに反対すると、たとえそれが自分の判断だとしても、「A部長が反対しているのか」と思われてしまいます。

これは大変な損です。

どんなに能力があっても、特定の上司とくっついてしまえばただの代弁者と思われてしまうからです。

社内的にフリーな人間は違います。

「この人となら遠慮しないで議論ができる」と思ってもらえるし、自分の意見も素直に受け止めてもらえます。プロジェクト内のどんなメンバーとでも、自由な立場でやり取りできるし、それが周囲に信頼感を与えます。誰の息もかかっていない人間の言葉なら、相手にも真っ直ぐ届くはずです。結局、プロジェクトを引っ張っていくのは社内的にフリーなビジネスパーソンなのです。

上司が利用しやすい「指示待ち人間」

仕事のできるビジネスパーソンほど、上司と一定の距離を置くものです。

少なくとも、直属の上司とベッタリという関係にはなりません。

これは当然のことですね。できるビジネスパーソンはフィールドが広いのです。社内でも社外でも、さまざまな部署や業種の人たちとつながっていますから、直属の上司とだけ深くつき合っている時間がありません。

かといって、上司と反目し合うこともありません。

自分の役割をきちんとこなし、それなりの成果を出している部下なのですから、上司は認めざるを得ないという理由が一つ。そして、行動的でフィールドの広い部下を、自分のそばに拘束できないというのも理由の一つです。

つまり、**いつもほどよい距離を保っている部下に対して、上司はあまり干渉できないのです。干渉できないということは、感情的なやり取りも生まれないということです。**贔屓《ひいき》にするとか、頼るとか、あるいは嫌うといった感情が前面に出る関係にはなりませんから、おたがいに、冷静に相手と向き合うことになります。

こういう関係なら、上司と部下はくっつかなくても済みます。仕事の上でのコミュニケーションはきちんと取りますが、必要以上に頼り合うこともありません。部下が上司のご機嫌取りをしたり、プライベートな時間まで犠牲にすることもなくなります。

逆に言えば、**上司にやたら干渉されたり、くっつかれてしまう部下は、上司との距離の取り方に問題があるのかもしれません。くっつきやすい位置にいる可能性があるのです。**

指示待ち人間になっている、相談や報告が長引きやすい、上司の動向に気を遣う、居残りの仕事が多い、部署内の人間としかつき合わないといったような行動パターンの部下です。上司の目につきやすい場所にいつもいる部下ということになります。

あなたにもし、「なんで課長はわたしにまとわりつくんだ」という不満があるとしたら、そういったふだんの自分の行動パターンを思い出してみてください。

まず、相手に合わせてしまう「気弱な習慣」を変える

他人にくっつかれてしまう人には、気弱さがあります。

やさしいとか、思いやりがあるといった言い方もできますが、ここではあえて気弱さと

言います。

「話を聞いてあげなくちゃ悪い」というのは気持ちのやさしさですが、「聞きたくないけど断れない」というのは気弱さですね。そういう場面がきっと多いはずです。

でも、**そういう気弱さは、相手に合わせる結果になってしまいます。くっつきやすい人は、気弱な人間を見つけるのが上手だということもできます。**

上司と部下でも同じです。上司がくっつく部下はまず、気の弱い部下です。「こいつなら言うことを聞くだろう」と思った部下です。

「こいつが素直に従うわけがない」と思えば、そういう部下には一定の距離を置くしかないのです。したがって、気の強い部下にはくっつきません。

友人関係でも同じです。人は「こいつは誘えば断らない」と思う人間と、距離を詰めていきます。

でも、気がついてください。そういう誘いをかける人間も気が弱いのです。

相手を見て、くっつけるかどうか判断するのですから、自分にそれほど強い自信は持っていません。たいてい「この人ならわたしでも言いくるめることができるだろう」という計算で動いています。

したがって、最初にバンとはねのけてしまえば、それっきりになります。誘われても「今日は都合があるから」と断ってしまえば、「この人は思い通りにならない」と諦めてくれるのです。

自分が好きなら近づけばいいでしょう。でも、**好きでもないし興味もない相手に合わせる必要はありません。**くっつかれないためには、最初が肝心だということです。

くっつきすぎるカップルはなぜウザイのか

人と人は距離を詰めると他人が入り込めなくなります。

これが恋人同士なら放っておくしかありません。けれども、どういう関係であっても濃密なつき合いをしている人間には周囲も遠慮します。

「ちょっと割り込めない」とか「邪魔しちゃ悪い」といった気になるからですが、じつは「放っておけばいい」という気持ちもあります。この気持ちは、ちょっと冷淡です。

どうしてかというと、人は、人とベタベタくっつく人に対して嫌悪感を持つことが多いからです。

「彼女はすぐ誰かとくっつくけど、一人じゃ何もできないんだろうか」という軽蔑の感情があります。

「まるで太鼓持ちみたいだ」という冷ややかな見方もあります。

「あの人にうっかり話すと全部、筒抜けになりそうだ」という不信感もあります。

くっつきやすい人というのは、大げさな言い方をすれば、大人として自立できてないのではという印象を与えてしまうのです。

これは恋愛にも当てはまります。

恋人とあんまりくっつきすぎる人には、周囲はひいてしまいます。あまり関わらないように距離を置くようになるかもしれません。なぜなら、あまり魅力を感じないからです。かりに恋愛中だったとしても、同性の友人や異性の友人とオープンにつき合ってくれる人なら、「この人、いいな」とか「幸せなんだろうな」と思います。「こんな素敵な人と恋愛できるなんて羨ましいな」と思ってもらえます。実際、魅力的なカップルというのはおたがいの友人関係を大切にし合っている雰囲気がありますね。決して周囲に壁をつくったりしないのです。

「くっついて損はない」という考えは甘い

誰かと近づきすぎると、結局はドロドロしたつき合いになったり、周囲の人が遠ざかったり、あるいはその人の魅力が失われてくるという話をしました。

露骨な言い方をすれば損なのです。

これは、くっつく人にもくっつかれる人にも当てはまります。

くっつく人には、それがわかっていないことが多いのですが、問題はくっつかれてしまう人です。つい相手に合わせてしまうとか、同情してしまうといった気の弱さはあるとしても、**くっつかれることで自分のチャンスまで逃がしてしまうことになかなか気がつきません。**

たとえば上司に頼りにされる部下は、それを意気に感じたり「期待されている」と受け止めますが、上司と部下がくっつきすぎてしまうと周囲はその部下を「子飼い」としか見ません。親分・子分の関係になってしまうと損するのは子分です。

ほんとうに部下の能力を認める上司は、その部下を「飼い殺し」にはしません。多少のリスクも覚悟の上で、どんどん外の世界に出して経験を積ませようとするはずです。あるいはむずかしい仕事、いままで手掛けたことのなかった仕事を「こいつなら」と思う部下にやらせるはずです。

部下は上司によって伸びたり伸びなかったりしますが、贔屓《ひいき》にされたり腹心として扱われたりした部下が伸びるとはかぎりません。その上司にどんなに可愛がられても、そろって沈没という例はいくらでもあります。

周囲の見方も同じです。

「あの課長はA君をいつもそばに置きたがる」という見方は、A君に対する同情にはなっても羨望《せんぼう》にはなりません。「あれじゃA君も飼い殺しだ」と思われてしまうからです。

したがって、**もしあなたにくっつこうとする上司がいたら、拒んでも何ひとつ、損はないのです。**くっつかれてしまえば損をするのはあなたです。決して「くっついて損はない」とは思わないでほしいものです。

くっつく関係が、いじめ集団をつくる

企業ではしばしば、人事が偏りすぎて人材が逃げ出してしまうことがあります。経営者、とくに創業者のように力の大きなトップが特定の人間だけを重用すると、ほかの人間

は「ここにいてもこれ以上の出世はない」と諦めてしまうのです。

その場合、有能な人材ほど、自分の力を発揮できる場所を求めて飛び出す可能性が高くなります。そして上手に立ち回って保身だけ考えるような人間が残ります。そうなればもう、組織としての将来が見えてしまいます。

こういったことは、部署単位でも起こります。

上司が特定の部下に近づきすぎると、ほかの部下がやる気をなくしてしまうのです。一定の成果を挙げているのに評価されない部下は、部署の業績がどんなに悪化しても「知ったことじゃない」という態度を取るでしょう。

「せいぜい、二人でがんばればいいんだ」と突き放す部下さえいるかもしれません。

つまり、**組織の中にくっつく関係ができてしまうと、組織全体がダメになる**のです。

担任の先生が特定の子どもだけを贔屓すると、そのクラスはダメになります。

大学でもゼミの指導教授が特定の学生を可愛がると、ゼミがダメになります。みんな、やる気をなくしてしまうのです。

これはどんな集団にも当てはまります。その中にくっつく関係ができてしまうと、組織や集団のパワーが弱まるだけでなく、本来の目的すら見失われてしまうのです。

その極端な例が、職場のいじめでしょう。

いじめはくっつき合う人間が特定の人間を排除したり、攻撃したりします。いじめる側がくっつかなければ、深刻な事態にはなりません。つまりくっつく人間たちが多数派になったときにいじめが起こります。

すると、自分がいじめられないためにはくっつく側に加担しなければいけません。なんだか悲しい集団になってしまいます。

人はくっつかないほうが、フェアにやっていけるし、パワフルで朗らかな集団を維持できるはずです。

等距離の関係を保つ人は、スケールが大きい

前半の章で少しだけ、ブラックと呼ばれる職場についてふれました。

そこにはくっつきすぎる上下関係があって、それが感情的な結びつきを強めてしまうことで公私混同が起こるという説明をしました。感情に偏った人間関係ができてしまうと、上司の叱責《しっせき》や指導がどんなに不当なものでも、「耐えなければ」とか「応えなければ」といった受け止め方をしてしまいます。

その点で、**部下にくっつかない上司はクールです**。

評価は公平で客観的ですし、部下の能力を見極めて仕事を与えます。感情的な結びつきが弱いので、公私混同もありません。

ただ、そういう上司に冷たさを感じる部下がいるかもしれません。

「なにを考えているのかわからない」とか、「もうちょっとこっちに近づいてくれてもいいのに」といった不満を持つ部下です。隣の部署の上司が、部下の飲み会にも顔を出してあれこれ相談に乗っている様子を見ると、「うちの課長は冷たいな」とか、「人間味がないな」と感じる部下も出てきます。

でも、そういう上司だからやりやすいと考える部下もいるはずです。

「ベタベタしないから、こちらも余計な気を遣わなくて済む。仕事上のやり取りにはきちんと応じてくれるし、話も早い。上司と部下はそれでいいんじゃないか」

こういう考え方のほうが、むしろスッキリしますね。

おたがいに必要なときには近づけばいいし、それ以外はそれぞれの仕事に向き合えばいいのです。組織は各自が自分の責任を果たせば機能しますから、なにも問題はありません。

もちろん、上司には上司のやり方や考えがあるでしょう。

でも、部下にもそれぞれ考えがあります。

仕事を通してめざしたいことや身につけたいことがあります。それをいちいちすり合わせる必要はないですね。

つまり、**部下にくっつかない上司のほうが、部下を受け入れていることになります。他人とくっつかない人間のほうが、相手を許容できるのです。**そのスケールにぜひ、気づいてください。

くっつきすぎる人は自由を忘れていませんか

わたしたちは基本的に、自由な人が好きです。

考え方、生き方、人間関係、そういったものが狭苦しくなく、伸び伸びしている人はやっぱり魅力的なのです。

逆に押しつけがましい人は好きになれません。

考え方も生き方も、人それぞれでいいのですが、一つのものにこだわってそれ以外は受けつけないとか、他人に押しつけてくる人とは仲良くなれません。
人間関係も同じで、誰かとあまり近づきすぎている人には声をかけるのをためらいます。「この人はたぶん、わたしのことなんか眼中にないだろう」と思うからですが、それだけではありません。他人とくっついている人には、どこか不自由なものを感じてしまうからです。

相手に執着するタイプ。
人にふり回されやすいタイプ。
一人になれないタイプ。
自分に自信が持てないタイプ……。

いろいろ理由はありますが、一言でいえば「自由じゃないな」と思ってしまうのです。
自由な人には、生き方や考え方にも柔軟性があります。
少なくとも、自分とは違う生き方や考え方を受け入れることができます。

でも**それができるのは、人間関係にも自由だから**です。いろいろなタイプの人間とつき合えるというのも、いろいろな生き方や考え方を受け入れることができるからです。

誰かと近づきすぎてしまう人には、そういう自由さが感じられません。むしろ不自由で窮屈なものを感じてしまいます。

だから、人と近づきすぎる人には、声をかけにくくなります。

誰かに近づきすぎると、誰かが離れていくのです。

そのことに、他人に近づきすぎる人は気がつかないことが多いのです。

孤独には、ほんものの自由があります

前半の章で、「欲望で動くか」、「不安で動くか」という話をしました。

くっつきやすい人には「味方が欲しい」とか「わかってくれる人が欲しい」「支えてく

れる人が欲しい」という気持ちがありますから、どちらかといえば不安で動く人が多いはずです。かりに「この人と仲良くなりたい」とか「近づきたい」という欲望で動いたとしても、一度くっつけば今度は離れることに不安を感じるようになるからです。

そういう生き方というのは、結局は不安から抜け出せない生き方になります。くっついているときだって、「逃げられたくない」「嫌われたらどうしよう」という不安があるし、くっつける人がいないときには「仲間はずれにされている」といった不安があります。でも、それだけではありません。

誰かとくっついてしまうことで、ほかの人が関わり合いを避けるようになれば、ますます人間関係が固定されてしまいます。

新しい出会いもなくなるし、世界も広がりません。

もし、いまのあなたに、離れることに不安を感じる相手やグループがいたとしたら、一つだけアドバイスします。

離れれば、そこにかならず新鮮な空気が流れ込みます。大きな隙間が空くのですから、流れ込んでくるものがあります。

それがかりに、寂しさや不安だったとしても、やはり新鮮な寂しさ、新鮮な不安です。いままでは、「そうなったらどうしよう」と恐れていたものに、自分から向き合ってみれば初めて感じるものがきっとあるからです。孤独は、自分で選べば、決して悪いことばかりではありません。

なぜなら、**それまでは気づかなかったたくさんのものに気づく、機会ができるからです。**気兼ねなく好きなことができる時間ができます。誰かにしがみついていたときには決して楽しめなかった自分の時間です。

どんな人間関係でも、自分の意思で選べます。

特定の誰かに気を遣う必要はありません。

そういう自由なあなたに、笑顔を浮かべて声をかけてくれる人がきっといるはずです。

孤独については「エピローグ」でふれます。

ほどよい距離をつくる7か条

心を自由にするためのヒント

1. 組織の中で親分・子分の関係に組み込まれない
2. 指示待ち人間にならないこと
3. 贔屓されたら、距離を置くように
4. 多数派に入らないこと
5. 「誰かと近づくと誰かが離れていく」と知ろう
6. 自由な人には声をかけてくれる人がいる
7. 公平な人は他人との距離もひとしい

第6章

離れていても「温かさを感じさせる人」ってどんな人？

つき合いはなくても温かい人は大勢います

いい人間関係には、「ほどよい距離」が必要だということ、そして、それがなぜ必要なのかをここまでに説明してきました。

最後となるこの章では、「どうすれば、ほどよい距離を保てるのか」という心がまえについて考えてみますが、その前に、あなたの周りの人を思い浮かべてください。

身近な人はたしかに、その人の温かさが伝わってきます。「やさしいな」とか「思いやりがあるな」と気がつきやすいのです。

けれども、**少し離れている人や、あまりつき合いのない人でも、なんとなくその人の温かさが伝わってくることがあります。**

「二人きりで話したことは一度もないけど、すごく感じがいい」と思わせる人がいるし、

「一緒に仕事をしたことはないけど、あの人とならうまくやっていけそうだ」と感じさせる人がいるのです。ということは、**距離があっても、それだけの理由で「冷たい関係」にはならないということ**です。これは、とても大事なことだと思います。

なぜなら、他人と近づきすぎてしまう人には、「冷たいと思われたくない」とか、「冷淡にしたら傷つけてしまう」といった気遣いがあります。相手の誘いを断り切れない人、会話を自分から打ち切れない人、つい要求に応じてしまう人、すべてそうです。

でも、そういう遠慮がちな人に対して、どんどん距離を詰めてくる人がいます。いったん詰めてしまうと、離れようとしない人もいます。そこで息苦しさを感じても、はっきりとした態度や言葉に出せないのが、遠慮がちな人なのです。

その理由が、**「冷たくしたら悪い」というやさしさ、あるいは気弱さだとすれば、そんなこと、少しも気にしなくていい**のです。

現に、距離を置いても温かさの伝わってくる人がいます。

人と離れていても、冷たい関係にはならずにやっていける人がいます。
距離を詰めてくる人をはっきりと拒んでも、いい関係を保つことは可能なのです。

「人とベタベタしない人」はこんな人

他人とほどよい距離を保ちながら、しかも冷淡な印象を与えない。

すごくむずかしいテクニックのように思えてきますが、じつは**いくつかのコツがあります。いちばん大事なことは、「あの人はそういう人」と思ってもらうこと**です。

①誘われても自分の予定を優先させる。
②自分が興味のない話には加わらない。
③一人でいてもべつに寂しそうではない。
④他人のやることにあれこれ口出ししない。

ひとまずこの四つを挙げておきます。どれもとくべつなことではありません。

けれども、現実にこういう人がいたら、誰もベタベタしませんね。

かといって、冷たいとか、わがままとか、そういった悪い印象もありません。近づけないけれど、わざわざ遠ざけることもないのです。

もちろん、「もの足りない」と感じる人はいるかもしれません。他人にくっつきたがる人（心理的距離を詰めたがる人）はとくにそうで、「あの人、なんだかつき合いにくい」と洩らすでしょう。ところがほとんどの人は気にしません。

「あら、そう？　わたしは気を遣わなくて済むからつき合いやすいよ」とか、「あの人はそういう人なの。でも話すと面白いよ」といった感想が返ってきます。なかには「ああいう人、好きだよ」と笑顔を浮かべる人だっているかもしれません。

人それぞれです。くっつく人はむしろ少ないはずです。

ただ、距離を詰めてくるからどうしても大きな存在になってくるだけのことで、**離れている人を好ましく思う人だってたくさんいる**のです。

他人の言い分より、自分の「大事なこと」を大切に！

いま挙げた四つのポイントは、全部実行しなくてもいいですね。

あなたにできそうだと思うことを、とりあえず一つ実行するだけでも十分です。

たとえば①です。

わたしたちには誰でも、やらなければいけないこと、やったほうがいいと思っていることがあります。仕事はもちろんですが、「ちょっと疲れが溜まっているから、今日は早めに帰ってゆっくりしよう」という気持ちも大切です。**「そうしたほうがいい」と思っていることは、とにかく実行したほうがいいのです。**

けれども、このような自分だけの予定はどうしても後回しにされてしまいます。

他人の誘いを断れないタイプは、「ちょっとつき合って」と声をかけられると、「予定があるから」とか「都合が悪い」とはなかなか言えません。

「せっかく誘ってもらったのに、断るのは気の毒かな」とつい考えてしまいます。

「それに、べつに予定もないんだから」と自分に言い聞かせます。

ほんとうにそうでしょうか？

疲れが溜まっているからゆっくり休むという予定は、自分にとってとても大切なことだったはずです。少なくとも、たまたま誘ってくれた人とつき合うことより、ずっと大切なのではないでしょうか。

その自分にとって大切なことを優先させてください。

「今日は早く帰ってやりたいことがあるから」「ちょっと疲れているから」という理由で十分です。

たったこれだけのことが実行できるようになると、人間関係は大きく変わります。自分の予定を優先できる人は、他人にふり回されることがなくなるからです。

しかも、そういう自分に満足できます。「はっきり断ってよかった」と思うでしょう。

自信も生まれてきます。

「うん、こうやってわたしのペースを守ればいいんだ」と気がつくからです。もちろん、相手があなたにしつこくしがみつくこともありません。

「あの人はつき合いが悪い」と思われて困ることがありますか?

自分の予定をまず優先させる人は、わがままでしょうか?

あるいは人づき合いが悪くて、融通のきかない人でしょうか?

そんなことありませんね。

仕事のできる人、生き方に活力のある人、目的を持っている人なら、みんなそうしています。スケジュールが立て込んでいる人、プライベートな時間にも趣味や勉強に取り組んでいる人、休養も含めて自己管理に注意している人、とにかく**自分のペースを守って仕事にも生活にも充実感を持っている人は、みんな自分の予定を優先させている**はずです。

むしろ、それのできない人だけが身の周りにベタベタくっつき合う人間関係や群れをつくってしまうのです。

マイペースのあなたを「わがまま」とか「つき合いが悪い」と受け止めるのは、そういう人たちでしょう。

したがって、そう思われることはむしろいいことなのです。

声をかけてあっさりと断られれば、くっつきたがる人はたいてい諦めます。「あの人はつき合いが悪い」と思ってくれれば、放っておいてくれるでしょう。

それ以外の人、自分のペースを守って自分のやりたいことをやっている人は、なんとも思いません。声をかけて断られても、「残念、また今度」でおしまいです。

自分も予定があればそちらを優先するのですから、誘いを断ることも、断られることも気にしていないのです。

身の周りの人間関係が、そういう自由な雰囲気になったら、ずいぶん楽だと思いませんか？　そして、たまにはピタリと意思一致するときがあります。

ふと誘いの声をかけると、「うん、ちょうどよかった。わたしも誘おうかと思っていたんだ」という朗らかな返事が返ってきたら、そのときはおたがいに気兼ねすることなく、存分にその時間を楽しめます。

いいつき合いは、おたがいの都合のいい時間を楽しく過ごすものです

あの人に「悪い」「気の毒」は、気弱で相手に近寄りすぎの感情

誘いを断れない人がまず考えるのは、「わざわざ声をかけてくれたのに、断ったら悪い」とか、「せっかく誘ってくれたのに気の毒な思いをさせてしまう」とかいったことになります。そういう、やさしいところがあるのです。相手の気持ちを真っ先に考えることのできる人なのです。

けれども、相手だって自分の都合、そのときの気分で声をかけただけのはずですね。あなたの都合や気持ちを考えたわけではありません。

そういう誘いを断ったからといって、「悪い」とか「気の毒」というのは、感情として相手に近寄りすぎていないでしょうか。自分の立場より、相手の立場を優先しすぎていないでしょうか。

他人に距離を詰められやすい人には、そういうところがあります。必要以上に相手の気持ちを酌《く》み取ってしまい、その結果、「気が進まない」とか「やりたいことがあるのに」といった自分の気持ちは後回しにされます。

ムリにつき合ってあげたのに、相手はそんなことは気にも留めないでくっついてきます。そういう様子を見ていると、なんだか自分だけバカをみている気分になるはずです。

つまり、誘いを断り切れなかった人のほうが気の毒なのです。後回しにされた自分の気持ちは、ずっとモヤモヤしたまま残り続けるでしょう。

プライベートな人間関係は、おたがいの気持ちをわかり合うことで共感が生まれます。

でも、そのとき、相手の気持ちをまず考える人は自分の気持ちを無視することになります。これではほんとうの共感は生まれませんね。なぜなら、あなたがどんなに相手の気持ちをわかったとしても、相手はあなたの気持ちをわかってくれないからです。

まず、自分の気持ちに従いましょう。それでもおたがいにわかり合えるのが、ほんとうのいい人間関係なのです。

「人の悪口は聞きたくない」と伝えること

相手との距離を詰めようとする人は、さまざまなことで近づいてきます。

あからさまな要求はしなくても、相手と関わり合おうとしますから、何かにつけて話しかけてきます。

いろいろなことを教えてくれる。

いろいろなことを質問してくる。

仕事に口出ししてきたり（本人はアドバイスのつもり）、先の段取りをつけてくれたり（もちろん親切のつもり）、自分だったらどうするかを解説したりします。

そういった動きや態度が、なんだか押しつけがましくて嫌になることがあります。

たとえば他人の悪口です。

本人は教えているつもりかもしれませんが、「あの人はこういうところがあるから気をつけてね」といった話をつぎつぎにされると、「あなたがいちばん性格が悪い」と言い返したくなります。プライベートなことを根掘り葉掘り訊かれるのも嫌な感じがします。「休みの日はどうしてるの？」と訊かれると、「あなたに関係ないでしょ」と言い返したくなります。

もちろん、言い返せるようなら相手も離れていきますが、くっつかれてしまう人にはそれができません。つい頷《うなず》いたり、答えてしまいます。相手はますますくっついてきます。

これは気の弱さが原因なのですが、あんまりあれこれ話しかけられ、まとわりつかれてしまうと、周りの人も関わりを避けるようになりますから、余計に逃げられなくなります。デスクワークのように一日中、同じ職場にいるとか、相手が年上だったり先輩だったりすると、そのつもりはなくてもくっつかれてしまうのです。

ここは逃げ出しましょう。

どうしますか。

いちばん我慢できないことだけ、はっきりと宣言してください。たとえば他人の悪口だけは聞きたくないと思っていたら、「わたしは人の悪口は聞きたくない」と言うだけでいいのです。

「あなたはあなた、わたしはわたし」の人間関係がいい

近づこうとする人を、なにもかもはねのけるのは現実問題としてむずかしいです。まして狭い職場の人間関係は、どうしても接点が生まれます。一緒に仕事をしなければいけないときや、指示を受けたり、依頼されたり、あるいはこちらから仕事を分担してもらうと

きもあるからです。

けれども、そういった関わり合いを持ちながら、ほどよい距離を保つことは可能なはずです。その証拠に、くっつきたがる人を全然、気にしない人も職場にはいるからです。そういう人は一緒に仕事をしても、そのときだけの関係に留めています。

それができるというのは、**「あなたはあなた、わたしはわたし」という態度をはっきりと示しているからです。**

これは、べつにむずかしいことではありません。

くっつきたがる相手に対して、受け身にならなければいいのです。「わたしはあなたを受け入れているわけではない」ということを、一度でいいからはっきり示せば、相手はそこであなたの気持ちに気がつきます。

たとえば先の例でいうと、「人の悪口は聞きたくない」と言われると、ちょっとショックを受けるはずです。「そんなつもりじゃないのに」とか、「でもほんとうのことよ」と言い訳もするでしょう。「気取らないでよ」と怒るかもしれません。

それでも「人の悪口を聞きたくない」のはあなたの気持ちです。そしてあなたが何でも相手に合わせる人間ではないということが相手にはっきりと伝わるはずです。**あとは何も気にしなくていいのです。**

べつに逃げる必要もないし、ぶつかる必要もありません。**あなたはふつうにつき合っていればいい**のです。相手のほうが、あなたに距離を置いてくれるようになります。

会話の中にポンと「沈黙」をはさみ込む利点

もし、**はっきりと言い返す自信がなかったら、黙り込むという方法もあります。しかも無表情をつくって沈黙することです。**

これは、相手が聞きたくもない人の悪口を続けているときや、答えたくない質問を繰り返すときに、**いちばんかんたんな拒否のポーズ**です。

他人にくっつかれてしまう人は、さっきも言いましたが「悪い」とか「気の毒」というように相手の気持ちを酌みすぎるところがあります。

だから相手があれこれ話しかけてくると、つい頷いたり、笑顔を浮かべたりします。

他人の悪口を聞かされても「へーえ」とか「そうなんだ」と返事をしてしまうし、休日の予定を訊かれても「いろいろ」とか「ふつうよ」といった当たり障りのない返事をします。本人はそれで自分の気持ち、あまり聞きたくないとか答えたくないという気持ちを伝えたつもりですが、相手はそうは受け止めません。「いろいろって、たとえば？」といった調子でさらに近づいてこようとします。

でも、**無表情に黙り込まれてしまうと、打つ手がありません。**

さすがに、嫌がられているということもわかるはずです。

しかも沈黙によって会話の流れは完全に途切れますから、「さ、仕事だ」とか、「用があるから」と短い言葉で切り上げることができます。**「聞きたくない」と言い返す勇気がなくても、黙り込むだけならきっとできるはずです。**

誰かと話しているときに、わたしたちはつい、「沈黙は失礼」と思いがちですが、それは相手によりけりです。ふれてほしくない話題に沈黙で応じるというのは、少しも失礼ではありません。それを察しない相手こそ失礼だと思ってください。

距離をとっても、「悪かったかな」と思わなくていい

「嫌だな」と思っても、近づいてくる人をつい受け入れてしまうのは、心のどこかに後ろめたさを感じることにも原因があります。

「この間は冷たくしてしまったな。ちょっと傷つけたかもしれない」

「うるさい人だけど、寂しがり屋かもしれないな」

「わたしまで突き放したら、逆にいじめているみたいだ」

そういう気持ちになってしまうと、つぎに顔を合わせたときにはこちらから近づいてし

まう可能性があるからです。もちろん、相手は喜びます。

「やっぱりこの人はわたしとつき合いたいんだ」と受け止め、以前と同じ接近の仕方をしてきて、あなたはいよいよ逃げられなくなってしまいます。

嫌なことははっきりと断る。あるいは沈黙する。そういう態度を取っても、「悪かったかな」という気持ちを引きずって「フォロー」するようなことがあると、あなたの意思は相手に伝わらず何の効果もなくなるということです。


近づきすぎる相手を突き放すのは、心理的にほどよい距離を取るためです。

決して相手を理由なく拒んだり、孤立させるためではありません。気持ちのいい関係に戻したいからそうするのです。


したがって、後ろめたさを感じる必要はありません。

いままでどおり、相手が近づいてきたら節度をもって受け入れていいし、そのかわり、嫌なことは断る、沈黙するという態度もそのままでいいのです。だんだん、その人との距離が開いてくるかもしれませんが、嫌い合うような関係にはなりません。

頼まれないことには口を出すな、手を貸すな

先ほど、四つの項目を挙げました。

①の「**誘われても自分の予定を優先させる**」と、②の「**自分が興味のない話には加わらない**」というのを具体的な態度で示せば、ここまでに説明してきたようなことになります。そして、③の「**一人でいてもべつに寂しそうではない**」というのは、自分にとって大事なことを優先させる人なら、ごく自然なふるまいです。

では、④の「**他人のやることにあれこれ口出ししない**」はどうでしょうか?

おそらく、「わたしは口出ししない、あの人のほうが口出ししてくる」と考えるはずです。口を出すのは他人と距離を詰めようとする人で、それを嫌だと思う人が口出しするのは

ずはないからです。ところが、そうとはかぎりません。なぜなら……。**親切な人や、やさしそうな人ほど他人にくっつかれてしまうことが多いからです。**

親切な人は、相手が困っている様子を見るとつい手を貸したり、アドバイスしたりします。仕事でいえば、頼まれなくてもサポートしてあげたり、「こうやると楽だよ」と教えたりします。そのことじたいは、少しも悪いことではありません。

けれども、くっつきやすい人にこれをやると、たちまち近づきすぎる関係になってしまいます。自分からくっつかなくても、相手がそのきっかけを与えてくれるのですから、楽なのです。

もちろん、相手がくっつきやすいタイプかどうか、わからない場合もあります。わかったとしても、「この人には手を貸す、この人には貸さない」というのも変です。

だから簡単なルール、**「頼まれないことには手を貸さない」でいいはず**です。職場はそれぞれが自分の責任を果たす場所なのですから、頼みもしないのに手を貸されると気を悪くする人だっています。相手が誰であっても、このルールを当てはめていいのです。

「ほどよい距離」が人間関係の悩みを消してくれる

離れていても好かれる人、温かさを感じさせてくれる人には、明るさがあります。

一人でいても、つき合いが少しぐらい悪くても、いつも朗らかに周囲と接してくれます。必要なときにはそばにいて力になってくれるし、声をかければ手を貸してくれます。でも、ふだんはみんなとほどよい距離を保って、しかも機嫌よくやっているのです。

それができるのは、自分の責任をきちんと果たし、大事なことは決して後回しにせず、毎日、ささやかな充実感に満たされているからです。

それだけではありません。**周囲とほどよい心理的距離を保つことで、人間関係のグチャグチャした悩みや、余計な気遣いや、他人にどう思われているかといった、考えても始まらないことに囚《とら》われずにやっていけるからです。**わたしたちの心を曇らせる悩みや不安は、その大部分が人間関係に原因がありますから、そこから自由でいられるというだけで気持ちが明るいというのも当然なのです。

他人と近づきすぎてしまう人には、離れることへの不安があるとこの本では説明してきました。あなたは「そんなことない」と思うかもしれません。

「離れたいのに、まとわりついてくる人がいる」と不満かもしれません。

でも、この章で説明したように、どこかで遠慮したり気を遣ったり、あるいは「冷たい人間だと思われたくない」といった気持ちもあるはずです。あなた自身、人と離れることへの怖さがあると思います。

そういった怖さが、逆にモヤモヤした気持ちをつくっている原因かもしれません。

答えはわかりません。あくまでわたしの想像です。

けれども、この章で説明したいくつかのことを実行したからといって、とくに困ることはないはずです。現に、そうしている人が大勢います。あなたから見て、**少し距離があるのに、「あの人は感じがいいな」とか「温かそうだな」と思わせる人には、ちゃんと守っている人間関係のルールがある**のです。

離れるのは「その人を好きでい続ける」ため

関西には、わたしの古い友人が何人かいます。

子どものころからあちこち転校しましたが、生まれたのも、いちばん長く過ごしたのも関西ですから、古い友人はやっぱり大阪に多いのです。

そういう友人と顔を合わせるのはせいぜい、半年に一度です。

仕事で大阪に出かけて、おたがいの都合が合えば美味しいものを食べたりお酒を飲んだりします。深夜まで楽しい時間をすごせます。もう30年も、そういうつき合いが続いているのですから、ふだん離れている友人っていいものだなとつくづく思います。

これはどんな人間関係でも当てはまります。

身近な人とは距離の分だけ濃いつき合いになりますが、濃い関係というのはおたがいに相手の嫌なところも見てしまいますから、一度苦痛に感じるとどんどん嫌悪感が膨らんできます。けれども、近くても遠くてもその人はその人です。同じ人間です。人間だから、もともといいところも悪いところもあったのです。

いいところが大きく見えれば好きになるし、悪いところが気になりだせば嫌いになります。好き嫌いなんて、感情の裏表にすぎません。好きになって近づき、近づきすぎて嫌いになり、嫌いになって離れる。この繰り返しです。

こういう考え方をしてみませんか？

もし「ちょっとくっつきすぎたかな」とか、「惰性でつき合っているな」と感じる相手や仲間がいるようでしたら、べつに嫌いじゃなくても少し距離を置いてみましょう。

相手が拘束しようとしたら、やっぱり離れどきです。

相手も自然に離れてくれたら、これもやっぱり離れどきです。

どちらにしても、嫌いにならずに済みます。嫌いにならないかぎり、時間が経てばまた楽しい時間をすごせます。**人と離れるというのは、その人への好意や好感を長く持ち続けるためのステップにすぎない**と思って下さい。

ほどよい距離をつくる7か条

離れても温かさを保つためのヒント

1. 自分の「大事なこと」を優先させよう
2. 相手の「大事なこと」を受け入れよう
3. 自分の正直な気持ちを殺さないこと
4. ときに突き放すことに、後ろめたさを感じないこと
5. 答えたくないことには沈黙するとよい
6. 頼まれないことには手を貸さないこと
7. 好きだから「ほどよい距離」を保つのだと決めよう

エピローグ

「孤独」は自分を豊かにします

自分を豊かにする「孤独」な時間

孤独は、どんなイメージでしょうか。

誰も相手にしてくれない。メールも電話も来ない。退社後の誘いもないし、休日の予定もない。もし、あなたが孤独に対して、そういう疎外感とか仲間はずれのイメージとかしかないとしたら、ちょっと考え直してください。

もしいまのあなたに、夢中になれる世界があったらどうですか？

もしいまのあなたに、どうしても実現してみたい目標があったらどうですか？

誰にも邪魔されず、一人で好きなだけその世界に浸っていられるとしたら幸せを感じますね。他人にふり回されず、自分のペースでその目標にまっすぐ向かっていけるとしたら、自分に自信が持てますね。

一人の時間、つまり孤独な時間を持つということは、そういうことです。自分を充実させられる時間を持つということです。ですから、怖がるより、孤独の持つ「自由さ」「可能性」という、あなたを豊かにする「孤独の力」に少し目を向けてみましょう。

最近、寂しいなと感じたことはありますか。

「寂しい」と感じる前に、誰かにメールをしたり電話をしたりSNSでつながったりして、寂しさを感じないようにしていませんか。

けれども「一人の時間」というのは貴重な時間なのです。自分の可能性を引き出し、伸ばすことができる大切な時間だからです。

一人になると不安を感じているとしたら、一度姿勢を正して、深い呼吸をしてみましょう。深い呼吸に集中していると、よけいな力が抜けていきます。

リラックスして、自分が一人でいて、充実している。そのことを感じることができれば、一人でいることの不安が消えるはずです。

一人でいてリラックスできると、誰かと一緒にいるときでも、心は安らいでいます。

一人もいいけど、だれかと一緒にいるのもいい、とまた思えるからです。

一人の時間を楽しめる人でも、だれかに会いたくなったり、寂しくなったりすることは当然あります。そのときは、相手の都合も気遣って、自分から近づく。会えるときは、お互い会いたい人に会うのですから、きっと楽しい時間が過ごせるはずです。

一人でいる時間でも自分を豊かにできる人が、他人ともいい関係をつくれるのです。

自分の時間割に「一人の時間」を入れてみましょう

孤独な時間を楽しむことに少しずつ慣れていく方法があります。

一日の中に、誰ともつながっていない時間をつくることです。

たとえば、昼休みを一人ですごす。街を歩いてもいいし、公園でぼんやりしてもいいし、書店で時間をつぶしてもいいのです。とにかく一人ですごしてみましょう。

夜10時をすぎたら、一人になる。休日の午前中は一人になる。曜日を決めて誰ともつき合わずに帰ってみる。とりあえず、そんなところから始めてみましょう。
本を読んでもいいし、好きな映画のＤＶＤを観てもいいです。

きっとできます。なぜなら、自分がつくり出した一人の時間だからです。
ゆっくり味わってください。その時間に何をどう感じるか。
あなたのその感覚や気持ちを大切にしてください。

いまのこの時間、世界には無数の「孤独を楽しむ人」がいます

一人になってみると、それも当たり前の時間だと気づきます。
人はいつも人にくっついてはいられないのですから、誰でもかならず一人の時間が訪れます。だからありふれた時間にすぎないのだと気がつきます。そして、いまのこの時間に、同じように一人ですごしている人間が無数にいることも実感できます。

不安を感じると、自分だけがひとりぼっちのように錯覚しますが、一日の中でありふれた時間だと気がつけば、孤独を楽しむ人が普通に数限りなくいることもわかってきます。

孤独な時間を誰も寂しいとは思いません。好きなことをして楽しんでいます。

孤独は、一人になって自分と向き合う時間。大切な時間だからです。

だから、人と近づく時間も楽しめるのです。

自分の世界を大切にできると、他の人の世界にも共感が生まれます。「あの人にもいろいろあるんだろうな」という気持ちです。

他人とのほどよい距離は、孤独はそんなに悪くないと気がついたときに自然に生まれてくるものだと思います。

和田秀樹《わだひでき》

1960年大阪府生まれ。東京大学医学部卒、東京大学医学部附属病院精神神経科助手、米国カール・メニンガー精神医学校国際フェローを経て、現在は精神科医。国際医療福祉大学心理学科教授。和田秀樹こころと体のクリニック院長。一橋大学経済学部非常勤講師。川崎幸病院精神科顧問。

主な著書に、『大人の感情コントロール』『もうちょっと「楽」に生きてみないか』『スマホが起こす「自分病」って何？』『自分が高齢になるということ』『感情的な人に負けない本』『「いいこと」を引き寄せる法則』『もうちょっと「雑」に生きてみないか』『新「感情の整理」が上手い人下手な人』『感情的にならない話し方』『感情的にならない本』『自分は自分　人は人』（以上小社刊）など多数。ホームページ：www.hidekiwada.com

つかず離《はな》れずいい関係《かんけい》

2019年2月27日　第1刷発行

著者…………和田秀樹

企画・編集…………株式会社波乗社／248

発行者…………大谷松雄

発行所…………株式会社新講社

http://www.shinkosha-jp.com

〒102-0072　東京都千代田区飯田橋4-4-9-410

電話（03）3234-2393・FAX（03）3234-2392

振替・00170-6-615246

印刷………シナノ印刷株式会社

ISBN978-4-86081-581-3　Printed in Japan

新講社の「生き方」シリーズの本づくりについて

わたしたち新講社では、これまで、人が生きていくのに必要な生活の知恵やものの見方・考え方についての本づくりを進めてきました。

このシリーズ企画は、著者、編集者、そして読者の皆様の声という協力態勢による本づくりをめざしております。

新講社のこれまでの刊行物と同様、読んで実効性・実用性のある出版物となるよう力を尽くす所存です。

ご愛読いただければ幸いです。